安徽省"三全育人"试点省建设暨高校思想政治工作能力提升计划项目(项目号:sztsjh-2022-7-5)

·历史与文化书系·

新生代农民工观念变迁与思想教育研究

房 彬 | 著

光明日报出版社

图书在版编目（CIP）数据

新生代农民工观念变迁与思想教育研究／房彬著
. ——北京：光明日报出版社，2022.11
ISBN 978-7-5194-7007-4

Ⅰ.①新… Ⅱ.①房… Ⅲ.①民工—观念—研究—中国 Ⅳ.①D669.2

中国版本图书馆 CIP 数据核字（2022）第 244774 号

新生代农民工观念变迁与思想教育研究
XINSHENGDAI NONGMINGONG GUANNIAN BIANQIAN YU SIXIANG JIAOYU YANJIU

著　　者：房　彬	
责任编辑：杜春荣	责任校对：房　蓉　李　兵
封面设计：中联华文	责任印制：曹　净

出版发行：光明日报出版社
地　　址：北京市西城区永安路 106 号，100050
电　　话：010-63169890（咨询），010-63131930（邮购）
传　　真：010-63131930
网　　址：http://book.gmw.cn
E - mail：gmrbcbs@gmw.cn
法律顾问：北京市兰台律师事务所龚柳方律师
印　　刷：三河市华东印刷有限公司
装　　订：三河市华东印刷有限公司

本书如有破损、缺页、装订错误，请与本社联系调换，电话：010-63131930

开　　本：170mm×240mm			
字　　数：186 千字		印　　张：14.5	
版　　次：2023 年 7 月第 1 版		印　　次：2023 年 7 月第 1 次印刷	
书　　号：ISBN 978-7-5194-7007-4			
定　　价：89.00 元			

版权所有　　翻印必究

目 录
CONTENTS

绪 论 …………………………………………………… 1
  第一节　问题的提出及研究价值 ………………………… 1
  第二节　"新生代农民工"概念界定和特征分析 ………… 5
  第三节　研究现状 ……………………………………… 11
  第四节　研究思路和研究方法 ………………………… 26

第一章　新生代农民工的乡土观念和就业观念变迁 …… 29
  第一节　新生代农民工的乡土观念变迁 ……………… 30
  第二节　新生代农民工的就业观念变迁 ……………… 34

第二章　新生代农民工的消费观念和婚恋观念变迁 …… 54
  第一节　新生代农民工的消费观念变迁 ……………… 54
  第二节　新生代农民工的婚恋观念变迁 ……………… 65

第三章　新生代农民工观念变迁的特点及原因分析 …… 72
第一节　新生代农民工观念变迁的特点 …… 72
第二节　新生代农民工观念变迁的原因 …… 86

第四章　新生代农民工思想教育价值阐释与现实困境 …… 97
第一节　新生代农民工思想教育的价值 …… 98
第二节　新生代农民工思想教育工作面临的现实困境 …… 109

第五章　新生代农民工思想教育路径 …… 113
第一节　营造良好的思想教育环境 …… 114
第二节　搭建思想教育载体 …… 117
第三节　与解决现实问题相结合 …… 121
第四节　加强社会主义核心价值观培育 …… 143

附录1　调查问卷 …… 152

附录2　访谈提纲 …… 160

附录3　访谈资料 …… 161

参考文献 …… 214

后　记 …… 221

绪 论

他们户籍在农村，在本地从事非农产业或外出从业6个月及以上；他们进城时不是扛着蛇皮袋，而是推着拉杆箱；他们的奋斗目标不是挣钱后回老家，而是希望融入城市成为新市民；他们更青睐于现代服务业，维护权益的意识增强……他们有一个共同的名字——新生代农民工。市民化进程中，新生代农民工的观念正发生变迁，本书聚焦这一问题，并基于思想教育是引导观念变迁的重要途径，探索新生代农民工思想教育。

第一节 问题的提出及研究价值

一、问题的提出

肇始于20世纪80年代的民工潮，随着改革开放以来我国城镇化、工业化的迅猛发展而不断壮大。21世纪以来，我国农民工群体内部出现明显的代际分化，新生代农民工已成为我国农民工队伍的主体。国家统计局发布的《2021年农民工监测调查报告》显示，2021年全国农民工总量已达29251万人，比上年增加691万人，增长2.4%。从年龄上看，2021年我国农民工平均年龄为41.7岁，比上年提高0.3岁。其中，40岁及以下农民工所占比重为48.2%。40岁以下的农民工，就是新生代农民工。国家统计局北京调查总队曾在全市范围内开展了农民工市民化进程动态监测调查，监测数据显示，2020年北京市外来新生代农民工，即出生于20世纪80年代以后，年龄在16周岁及以上，在异地以非农就业为主的农业户籍人口，占比达到50.1%。①

新生代农民工问题已引起政府的高度重视，2010年中央"一号文件"《关于加大统筹城乡发展力度　进一步夯实农业农村发展基础的若干意见》首次明确提出要"采取有针对性的措施，着力解决新生代农民工问题"。自此，新生代农民工问题成为学界研究的一个热点，社会学界、经济学界学者，从不同角度展开研究。新生代农民工渴望融入城市，转化为市民，新生代农民工的城市融入和市民化成为我国新型城镇化背景下、现代化建设进程中的一个重要的理论问题和现实问题。市民化进程中，新生代农民工的观念发生了怎样的变迁？何以发生这样的变迁？如何通过思想教育引导新生代农民工观念变迁？本书主要研究这些问题，这具有重要的研究意义。

---

① 国家统计局北京调查总队. 2020年北京市外来新生代农民工监测报告. [R/OL]. (2021-07-05) [2022-03-30]. http://www.beijing.gov.cn/gongkai/shuju/sjjd/202107/t20210705_2428703.html.

二、研究价值

（一）理论价值

本书写作有利于深化新生代农民工问题研究。如前所述，新生代农民工已成为我国农民工队伍的主体。虽然早在21世纪初，以王春光为代表的学者就已经注意到农民工的代际分化，但从学科视角看，对新生代农民工问题的研究还主要集中在社会学、经济学领域。本书将突破这一学科分野，把这个人数众多、作用重要的群体纳入思想政治教育学学科视野，聚焦新生代农民工的观念变迁，并基于思想教育是引导新生代农民工观念变迁的重要途径，研究新生代农民工思想教育。这体现出思想政治教育学对发展变化的社会现实的关照，拓宽了思想政治教育学科论域，也是本书研究的理论价值之所在。

（二）实践价值

本书研究的实际应用价值主要体现在以下三点：

第一，本书研究对于新生代农民工更好更快地融入城市具有重要的应用价值。新生代农民工的城市融入并最终市民化是当前我国社会转型期和现代化建设进程中的一个重要问题，新生代农民工的城市融入不仅指经济和社会层面的融入，还包括心理和思想观念层面的融入。思想观念问题是新生代农民工面临的问题之一，新生代农民工的思想观念状况直接影响他们的城市融入进程和市民化效果。从以上意义而言，研究新生代农民工的观念变迁和思想教育对于新生代农民工的城市融入和市民化具有应用价值。

第二，本书研究对于新生代农民工思想政治教育工作具有参考价值。基于新生代农民工的群体特征、思想现状、观念变迁以及他们在城镇化和工业化进程中的作用，新生代农民工思想政治教育工作理应引起政府有关部门的重视。但从实际来看，目前新生代农民工思想政治教育还是思想政治教育工作的薄弱点。究其缘由，除了认识不到位之外，还因为缺乏明晰的工作思路和可供操作的对策。本书的研究从新生代农民工的观念变迁出发，把思想教育作为引导新生代农民工观念变迁的重要途径，明确提出需要对新生代农民工进行思想教育，并探讨加强新生代农民工思想教育的对策，这对于在实践中如何加强新生代农民工思想政治教育具有一定的参考价值。

第三，本书研究对于维护城市社会的和谐稳定也具有一定价值。稳定是前提，也是硬任务，保持社会稳定对于社会主义现代化建设具有极为重要的意义。新生代农民工兼具青年和农民工的双重身份，是城市社会中一个数量庞大的群体，也是城市社会和谐稳定与否的一支重要力量。新生代农民工对将来的生活预期高，但心理承受力差；他们渴望融入城市，但一时又难以融入城市。城市生活的境遇以及理想和现实之间的巨大落差可能导致他们产生某些心理和思想问题，如果没有得到及时的疏通、教育和引导，他们可能对城市社会产生一定的冲击，影响社会的和谐稳定。本书研究的落脚点放在新生代农民工思想教育上，旨在通过思想教育，提升他们的思想道德素质，引导他们的观念变迁，增强其城市适应能力，研究成果的运用显然有利于城市社会的和谐稳定。

第二节 "新生代农民工"概念界定和特征分析

明确概念是理论研究的前提,"新生代农民工"是本书研究的核心概念,因而,笔者首先对"新生代农民工"概念进行界定。

一、"新生代农民工"概念界定

农民工是伴随着我国改革开放和城镇化、工业化的发展而产生的一个庞大群体,是我国产业工人的重要组成部分。1983年,中国社会科学院研究员张雨林在《社会学研究通讯》杂志发表文章,首次使用了这个称谓。之后,许多专家陆续接受了这一称谓,并在文章中使用。社会上虽然出现不赞成使用"农民工"称谓的意见,但不可否认,"农民工"这一称谓与以往的"盲流""打工仔""外来妹""民工"等称谓相比,基本上没有歧视意味,是一个巨大的社会进步。[①] 所谓"农民工",是指具有农村户口,有承包土地,但不从事农业生产,主要在非农产业就业,依靠工资收入维持生活的人员。[②] 21世纪以来,我国农民工群体内部出现明显的代际分化,老一辈农民工由于年龄的增长和技能所限,已经退回农村或者正在陆续回到家乡,新生代农民工不断涌现,成为我国农民工队伍的主体。

21世纪初,国内学者注意到现实生活中农民工群体的代际更替,

[①] 国务院研究室课题组. 农民工称谓问题研究 [M]//国务院农民工办课题组. 中国农民工发展研究. 北京:中国劳动社会保障出版社,2013:491-498.
[②] 刘怀廉. 中国农民工问题 [M]. 北京:人民出版社,2005:122.

"新生代农民工"首次进入社会学学者的研究视野。中国社会科学院研究员王春光较早地观察到农村流动人口代际间的变化，2001年他率先提出"新生代农村流动人口"概念，引起学术界的注意。当时，王春光把出生于20世纪80年代以后、年龄小于25岁、外出务工经商的农村流动人口称为新生代农村流动人口。[①] 后来，"新生代农民工"取代"新生代农村流动人口"称谓，成为社会学界研究农民工问题时经常使用的概念。现阶段，学术界对"新生代农民工"概念的把握，大都基于代际分析角度，以年龄为标准、以出生年代为依据进行界定。其中，比较有代表性的是全国总工会新生代农民工问题课题组的观点，该课题组认为：新生代农民工系指出生于20世纪80年代以后，年龄在16岁以上，在异地以非农就业为主的农业户籍人口。[②] 国家统计局北京调查总队在发布的《2020年北京市外来新生代农民工监测报告》中所称的"新生代农民工"，也是指出生于20世纪80年代以后，年龄在16周岁以上，在异地以非农就业为主的农业户籍人口。笔者在本书中所称的"新生代农民工"，也采用以上界定，但同时，笔者认为，"新"是一个与"旧""老"相对应的比较性概念，因而，"新生代农民工"是一个发展性概念，具有变化性，不同时期指代的群体不同。随着时间的推移，出生于20世纪80年代之初、年龄超过40岁的农民工，也将不再属于新生代农民工。鉴于此，本书写作过程中访谈的新生代农民工，重点是出生在1985

---

① 王春光. 新生代农村流动人口的社会认同与城乡融合的关系［J］. 社会学研究，2001（3）：63-76.
② 全国总工会新生代农民工问题课题组. 关于新生代农民工问题的研究报告［J］. 江苏纺织A版，2010（8）：8-11.

年之后的农民工。

二、"新生代农民工"的群体特征

由于成长环境不同，与老一代农民工相比，新生代农民工具有不同的群体特征，这主要表现在以下几方面。

（一）综合素质相对较高

第一，文化水平相对较高。由于时代的限制，老一代农民工在受教育程度和文化素质方面普遍较低，而新生代农民工的成长背景和受教育程度发生了巨大改变，文化素质相对较高。九年义务教育的普及使得新生代农民工中的绝大部分人完成了初中学业，部分人完成了高中学业，或者接受了中等职业教育，甚至高等教育。早在2014年，笔者在安徽省的一项调查中发现，全省新生代农民工群体中，小学或小学以下文化程度的人仅占9.8%，初中文化程度的人占47.3%，高中或者中专文化程度的人占29.7%，而大专及以上文化程度的人占13.2%。到7年之后的2021年，根据《2021年农民工监测调查报告》显示，在全部农民工中，未上过学的人占0.8%，小学文化程度的人占13.7%，初中文化程度的人占56.0%，高中文化程度的人占17.0%，大专及以上文化程度的人占12.6%。对比可见，新生代农民工的文化程度相对较高。

第二，具有现代观念。20世纪八九十年代出门打工的老一代农民工还具有传统农民的特征，他们身上具有较强的小农意识，思想相对保守、落后，竞争精神、市场意识缺乏，工作能吃苦，受了委屈大多忍气吞声。而新生代农民工大都是80后、90后和00后，他们中的一部分人是独生子女，一部分人自小就随着打工的父母在城市长大，他们伴随着改革开放的春风成长，与父辈们相比，他们的生活条件相对较好，小时候吃苦较少。城市文明的浸染、市场经济的熏陶、文化程度的提高，使得他们身上具有现代观念，具有主体意识，具备竞争精神和进取精神，他们不屈从于命运，不甘于平庸，想在城市里闯出一片属于自己的天地。

(二) 市民化意愿较强

这是新生代农民工群体身上表现出来的最重要的特征，也是他们与老一代农民工最大的区别。就对农村生活的依赖程度而言，老一代农民工比较依恋农村。老一代农民工大都有在农村务农的经历，和土地有着密切的联系。虽然改革开放后，随着政策的松动，为了生存和创造更好的生活条件，他们离开熟悉的家乡而来到陌生的城市务工，但他们对农村、对土地、对庄稼仍然有着深厚的感情。他们虽然人在城市，但是农村一直是他们魂牵梦绕的地方，他们总想着叶落归根。对于城市，他们大多保持"暂居"心态和"过客"心理，在他们的心目中，农村的土地和家庭才是他们最终的归宿。[①] 他们希望在他们老了、不能出去打工的时候，就留在家里，照看着孙子，伺候着土地，吃着自家种的粮食和蔬菜，闲暇的时候找人打牌、聊天。如此的生活，他们就能满足。

---

① 朱亭瑶. 落地未生根：新生代农民工的城市融入困境与出路 [J]. 兰州学刊，2013 (3): 137-142.

新生代农民工则不同，他们市民化意愿较强。新生代农民工大多是毕业后就直接进城打工，或自小就随父母进城，基本上没有务农的经历，因而对土地缺乏深厚的感情。一些新生代农民工排斥农业生产，更不愿意从事农业生产，有的新生代农民工明确表示："宁肯饿死在城里，也不回农村种田。"新生代农民工热爱家乡，但不会固守家乡，他们不会像父辈那样，把自己将来的生活目标定位在农村，整体而言，他们对农村的认同感较低，而对城市生活充满向往，渴望融入城市，成为新市民。正如有人所说的，新生代农民工有强烈的城市融入意识，他们渴望尊重与认可，不仅仅要在身份上融入城市，更要在生活方式以及思想观念上都融入城市。[①] 新生代农民工怀揣"理想"进城，观照城里人的生活方式，渴望和期待通过自己的努力和奋斗不断改善和改变自己的生活，过上宽裕、舒适的日子，能够成为"城里人"。[②]

（三）注重自我发展

老一代农民工外出就业主要是基于生存的需要，他们外出打工的目的可以概括为"挣钱、盖房、娶妻、生子"。而新生代农民工外出的动机并非仅仅基于生存的需要，实际上，他们即使不外出打工而是留守农村，也能衣食无忧，但为了挣钱、为了追求自身发展，他们义无反顾地进城。工作之余，新生代农民工愿意参加职业技能培训或接受更高层次的教育，努力提高自身的能力和素质。由于新

[①] 蒯正萍. 新生代农民工市民化进程中的思想观念研究 [D]. 合肥：安徽农业大学，2013.
[②] 崔巍，张亦贺. 新生代农民工价值观念的特质 [J]. 农业经济，2020（2）：64-66.

生代农民工大多数在2000年以后进入城市工作，这时候的企业迫切需要懂得一技之长的人才，不像20世纪八九十年代，只要能吃苦，农民工单纯依靠出卖体力，也能找到工作。当今时代要求新生代农民工最好具备一定的职业技能，这样才能找到更好的工作岗位，在城市立足。这让新生代农民工认识到提高文化素质以及懂技术的重要性，促使新生代农民工不断提高个人技能，追求个人发展。

（四）权利意识增强

老一代农民工具有传统农民的典型特征，他们吃苦耐劳、忍耐力强，日常生活中遇到不公平待遇或者偏见，大多忍气吞声，或者寄希望于有人为他们做主。他们外出就业的目的相对单一，主要就是为了挣钱，他们对劳动权益的诉求相对较低，更关心能否领到更多的劳动报酬，工作环境艰苦点他们可以克服，不享有社会保障他们也不太在意。但对新生代农民工而言，生活环境、教育背景和老一代农民工明显不同，他们比较关注个人的权益。如前所述，新生代农民工受教育程度相对较高，他们对于法律的了解程度以及运用法律维护自身合法权益的可能性远高于他们的父辈。在求职的过程中，他们不仅看薪酬的高低，还看福利待遇、企业环境以及将来的发展机会等。对于企业发放福利的多少、是否缴纳社保、节假日是否休息等方面，他们也比较在意。工资的高低是他们考虑的首要因素，但如果工作较累、企业环境较差、缺乏安全保障，即便工资相对较高，他们也不愿意去。如果企业所给予的与他们要求的存在较大差距，或者碰到不尊重员工的老板，伤害了他们的尊严，或侵犯了他们的权益，他们会表达不满，甚至敢于顶撞老板，或者"用脚投票"——跳槽到其他单位。如果个人的合法权益受到侵害，他们不会自认倒霉，而是想着通过各种方式维护个人的利益。这种方式可能是通过法律的，也有可能是不通过法律，但能引起政府部门或者新闻媒体注意的。他们并不认为他们是农民工就应该比城市人低一等，他们以城市人的生活为参照，向城市人靠拢，他们认为城市人享有的权益，他们也应该享有。

另外，新生代农民工流动更为频繁。流动是农民工的基本状态，不管是老一代农民工还是新生代农民工，都在城乡之间往返，在不同城市、不同行业、不同工厂之间变换。研究发现，新生代农民工的流动频次要高于老一代农民工，频繁的流动是两代农民工重要的差别之一。[①]

第三节 研究现状

自2010年中央"一号文件"第一次提出"新生代农民工"概念后，新生代农民工问题成为国内学界密切关注的领域。十余年来，国内学者重点围绕新生代农民工的市民化、新生代农民工的思想观念等方面展开研究。

---

① 符平，唐有财. 新生代农民工的流动图景 [J]. 文化纵横，2012（1）：50-55.

一、关于"新生代农民工市民化"的研究

(一)关于"新生代农民工市民化"的概念

把握"新生代农民工市民化"的概念,首先需要明确"农民工市民化"的概念。关于"农民工市民化"的概念,郑杭生的观点具有代表性,他认为:市民化是指作为一种职业的"农民"和作为一种社会身份的"农民",在向市民转变的进程中,发展出相应的能力,学习并获得基本资格,适应城市并具备一个城市居民基本素质的过程。就农民本身来说,在这个过程中,农民的生活方式、思维方式、生存方式和身份认同等发生转变。[①] 有学者指出,农民工市民化的转变过程包括两项基本内容:一是农民群体实现从农民角色转为市民角色;二是在实现角色转型的同时,通过外部有利条件以及自身素质的提高,成为合格的新市民,最终能真正适应城市。[②]

把握"农民工市民化"概念后,我们就可以进一步界定"新生代农民工市民化"这一概念。杨向乐认为,新生代农民工市民化是一个以新生代农民工的社会身份转变为基础,以生活方式转变为表征,以心理认同与意识形态转变为核心,以城市融合为结果的系统转化过程。[③] 蒋笃君认为,新生代农民工市民化是指新生代农民工通过个人努力,实现生活环境和身份角色转变,获得与城市居民相同

[①] 郑杭生. 新生代农民工市民化:当代中国社会学的重要研究主题 [J]. 甘肃社会科学,2005(4):4-8.
[②] 韩玉梅. 新生代农民工市民化问题研究 [D]. 哈尔滨:东北农业大学,2012.
[③] 杨向乐. 新生代农民工市民化现状及影响因素研究 [D]. 昆明:云南财经大学,2016.

的市民身份与社会权利，在政治思想观念、文明礼貌素养、身份心理认同、生产生活方式、人际交往方式、社会权益保障等方面全方位向城市市民转化的过程。①

（二）关于"新生代农民工市民化"的影响因素

"新生代农民工市民化"受到多方面因素的影响，学者们基于各自的调查和研究分析得出一些结论。概括学者的观点，影响新生代农民工市民化的因素，可大体分为个人层面和社会层面，个人层面包括个人追求、工作收入、心理认同、家庭因素等，社会层面包括制度保障、医疗保障、就业保障、户籍问题、住房问题等。

张洪霞通过对全国797位新生代农民工（已市民化和未市民化的新生代农民工）进行实证调查，得出的结果表明：受教育水平、月均收入、打工时间、求助人数、社区参与情况与市民化的实现呈正相关，新生代农民工主要的交往对象越是城市居民，对其自身市民化实现的影响越大，男性农民工市民化倾向比女性更大。② 王孝莹、王目文利用山东省956位农民工样本数据，对新生代农民工市民化进程的微观影响因素进行实证分析后认为，健康状况、职业培训、医疗资源的需求、教育资源的需求，这些维度的变化直接影响农民工市民化进程。③ 刘杰、张红艳、陈政的研究表明，物质资本、

---

① 蒋笃君. 新生代农民工市民化的现状、困境与对策 [J]. 河南社会科学，2019（12）：115-120.
② 张洪霞. 新生代农民工市民化的影响因素研究：基于全国797位农民工的实证调查 [J]. 调研世界，2014（1）：26-30.
③ 王孝莹，王目文. 新生代农民工市民化的微观影响因素及其结构：基于人力资本因素的中介效应分析 [J]. 人口与经济，2020（1）：113-126.

人力资本、迁移资本等都对新生代农民工市民化有一定程度的影响。[①] 朱纪广等人研究发现，个体特征（性别、年龄、健康状况、受教育情况和本地方言）、经济特征（包括老家有无土地与分红和有无集体利益分红）、认知特征和区位特征，都对农民工市民化意愿具有显著影响。从个体特征来看，随着经济的不断发展，城镇对各层次劳动力的数量需求与质量要求逐渐提高；从经济特征来看，老家的土地以及集体利益分红使得农村户籍产生了一定的"拉力"，具有保障作用与确定性的土地利益分红一定程度上影响农民工市民化，进而影响着农民工的选择，减弱了农民工市民化意愿。[②]

(三) 关于"新生代农民工市民化"面临的问题和挑战

新生代农民工是我国农民工队伍的主体力量，与老一代农民工相比，他们在拥有更多发展机遇的同时也存在一些问题，面临多种挑战。对此，众多学者进行了丰富的研究。

1. 户籍问题和社会身份问题

户籍问题是新生代农民工市民化过程中面临的一大挑战，许多新生代农民工望"户籍"而却步。缪艺指出，户籍问题是新生代农民工市民化过程中最主要的绊脚石。虽然当前进城务工、获得更多经济收入是新生代农民工的主要目标，拥有城镇户籍尚不是最为迫切的需要，但是户籍问题是其他一切问题的基础，缺少城镇户籍，

---

① 刘杰，张红艳，陈政. 新生代农民工市民化程度的测度及其影响因素：基于人力资本与社会资本耦合的视角 [J]. 长沙大学学报，2018（4）：48-50.
② 朱纪广，张佳琪，李小建，等. 中国农民工市民化意愿及影响因素 [J]. 经济地理，2020（08）：145-152.

往往造成农民工子女入学、医疗保障、就业等一系列问题。①

关于社会身份,王春光认为,尽管城乡之间已经走出过去那种绝对隔绝的状态,但是城乡仍然是社会身份的一个重要甄别标志。流动人口对流入地社区是否认同,既取决于他们对当地社区有没有一种家的感觉,又取决于当地社区是否把他们当作自己的成员看待,这两方面的结合才可以衡量社区认同状况。②流入地的居民对外来农村人口的看法多种多样,有的人是消极评价,比如,认为他们扰乱了社会秩序、影响了社会治安等,这影响了新生代农民工的城市认同。

2. 住房问题

王春光认为,对于新生代农民工群体来说,他们跟老一代农民工一样在城市打工,但是既不能"安居",也没法"乐业"。凭他们的收入水平,他们中的很多人没有能力在城市购买住房,而且也没有能力租住像样的房子。③缪艺认为,新生代农民工在城市定居的意愿更强。住房是新生代农民工扎根于城市的最基本条件,也是新生代农民工市民化的重要环节。当前,住房对新生代农民工市民化仍有较大影响,主要表现在:第一,城市的高房价是阻碍新生代农民工市民化的最重要因素;第二,居住条件相对较差是阻碍新生代农民工市民化的主要因素。由于新生代农民工正处于青壮年时期,存

---

① 缪艺. 浅析城镇化进程中新生代农民工市民化问题 [J]. 中国集体经济, 2018 (15): 3-4.
② 王春光. 新生代农村流动人口的社会认同与城乡融合的关系 [J]. 社会学研究, 2001 (3): 63-76.
③ 王春光. 新生代农民工城市融入进程及问题的社会学分析 [J]. 青年探索, 2010 (3): 5-15.

在着情感、婚姻、社交等多方面的问题，长期居住条件较差，容易对他们的社会认知、人际交往产生影响。①

3. 就业问题

苗志茹认为，大多数新生代农民工不再"亦工亦农"，而是纯粹从事第二、三产业，近一半的新生代农民工有在城市定居的打算。然而，现实表明，虽然新生代农民工有较强的市民化意愿，但在收入、住房、婚姻及子女教育等诸多现实因素的影响下，他们还是选择了"就业于城市，土地留农村，房子置县城，生活在边缘"的生存和生活方式，导致了人、地、房、业多重分离的现象，影响了新型城镇化进程。② 李瑞倩认为，新生代农民工进城找工作并不难，然而要找到收入高、待遇好等体面的工作比较难。目前，新生代农民工大多仍然是进入劳动密集型企业或就业门槛较低的服务型行业，处于城市市民化的边缘，权益得不到有效的保障，这会阻碍新生代农民工市民化。就业质量的好坏影响新生代农民工群体的生活条件和生存质量，也会影响他们对城市的适应性和归属感。③

4. 心理问题

缪艺认为新生代农民工与他们的父辈不同，他们更加向往居住于城市，对城市的依赖性更强，他们规划未来发展，追求市民身份和平等发展，不希望把自己限定在固定区域内。然而他们的期望与现实存在一定落差，他们虽然居住于城市，但没有和市民享有同等

---

① 缪艺. 浅析城镇化进程中新生代农民工市民化问题 [J]. 中国集体经济，2018（15）：3-4.
② 苗志茹. 新生代农民工市民化：人、地、房、业多重分离及其化解之道：基于空间理论的视角 [J]. 中共青岛市委党校青岛行政学院学报，2022（1）：65-69.
③ 李瑞倩. 就业质量对新生代农民工市民化的影响研究 [D]. 保定：河北大学，2021.

的权利,缺少表达自己诉求的机会。这种心理落差往往会使新生代农民工与城市产生隔阂感,也会使他们的心理出现问题,使他们由对城市的向往转而变为对城市的抗拒,因而新生代农民工的心理落差逐渐成了阻碍农民工市民化的重要因素。①

5. 教育问题

王玉峰指出,新生代农民工的子女教育问题是阻碍其市民化的又一障碍,新生代农民工子女到城市读书的问题不解决,市民化就不可能实现。② 刘佳莹、何正玲认为,对孩子和家庭的牵挂使得新生代农民工始终在城市与农村的去留问题上徘徊不定、进退维谷,成为阻碍新生代农民工市民化的巨大障碍。③ 有学者指出,农民工子女在城市的教育问题,是他们不得不考虑的。"如果孩子的教育问题能够解决,我们都想在这边安家,谁想两地分居啊?"这是农民工们共同的心声。④

6. 社会保障问题

缪艺认为,当前,针对农民工的社会保障制度尚不完善。第一,新生代农民工参与社会保险的积极性不高。获得更高的经济回报是新生代农民工外出务工的主要目标之一,他们的流动性较大,相较于社会保险,他们更加重视自己的实际收入,因此,他们不愿意将

---

① 缪艺. 浅析城镇化进程中新生代农民工市民化问题 [J]. 中国集体经济, 2018 (15): 3-4.
② 王玉峰. 新生代农民工市民化的现实困境与政策分析 [J]. 江淮论坛, 2015 (2): 132-140, 155.
③ 刘佳莹, 何正玲. 新生代农民工市民化的困境及对策研究 [J]. 辽宁工业大学学报(社会科学版), 2018 (5): 18-20.
④ 高长江. 新时期新生代农民工市民化问题及对策探究 [J]. 就业与保障, 2019 (22): 31-33.

钱投入社会保险中。第二，新生代农民工的社会福利与拥有城镇户籍的市民相比存在一定差距。①

（四）推进"新生代农民工市民化"的对策

新生代农民工市民化的过程涉及多个方面，总结学界关于加快新生代农民工市民化的对策研究，包括制度改革创新、提高社会保障、加强培训三大方面。

1. 制度改革创新

孙国帅等人以新生代农民工的城市融入和市民化为研究对象，从制度层面提出高质量推进其城市融入和市民化的对策建议。主要包括：将农民工市民化问题纳入地方政府发展规划，妥善协调农民工常住地的公共预算，探讨农民工住房公积金制度，落实农民工子女义务教育的权利，创新农民工户籍管理制度。②施必鸿基于新生代农民工市民化的困境，认为应加快推进户籍制度改革，消除户籍关系上的种种经济差别，彻底打破农业户口与非农业户口的身份限制，打破由此带来的地域歧视和身份歧视，探索建立统一、开放的人口管理新机制。③还有学者针对就业和住房制度创新提出对策，指出要取消农民工职业工种限制，简化农民工就业程序，培育农民工住房

---

① 缪艺. 浅析城镇化进程中新生代农民工市民化问题 [J]. 中国集体经济，2018（15）：3-4.
② 孙国帅，冯娇，赵见阳，等. 新生代农民工城市融入的发展态势及影响因素分析 [J]. 辽宁工业大学学报（社会科学版），2021（4）：44-47.
③ 施必鸿. 新生代农民工市民化的困境 [J]. 天水行政学院学报，2011（5）：88-90.

租赁市场，为农民工中的低收入群体廉价租房创造条件。①②

2. 提高社会保障

孙国帅等人认为，要发挥工会的组织凝聚力作用。各地总工会和基层工会应充分发挥本部门的作用，将新生代农民工作为一个特殊的群体给予重点关注。创新新生代农民工培训机制，鼓励新生代农民工参与社区活动。③ 辛星认为，应健全社会保险、救济体系与福利体系，完善农民工的社会保障体系；建立工伤保险制度，坚持以赔偿为主，尽早实现全面覆盖新生代农民工；建立医疗保险制度，解决新生代农民工"看病贵、不敢看"的现象，实行政府财政支持和个人缴费相结合；依据新生代农民工的实际情况，健全养老保险制度。④ 许予朋提出，将新生代农民工纳入城镇职工社会保险制度，建立面向新生代农民工的养老、医疗、失业、工伤等社会保障体系；把新生代农民工纳入城市社会救助体系，积极开展应急救助、困难救助、法律援助等，更好地帮助新生代农民工解决困难、扎根城市。⑤

3. 加强培训

高长江认为，加强文化培训，高校要充分发挥社会服务职能，

---

① 张静. 城乡统筹发展中新生代农民工市民化问题探析 [J]. 理论探讨，2012 (1)：159-161.
② 王玉峰. 新生代农民工市民化的现实困境与政策分析 [J]. 江淮论坛，2015 (2)：132-140，155.
③ 孙国帅，冯娇，赵见阳，等. 新生代农民工城市融入的发展态势及影响因素分析 [J]. 辽宁工业大学学报（社会科学版），2021 (4)：44-47.
④ 辛星. 新生代农民工融入城镇问题研究 [D]. 新乡：河南师范大学，2014.
⑤ 许予朋. 全国人大代表孔发龙：促进新生代农民工市民化 [N]. 中国银行保险报，2022-03-08 (3).

各大高校，特别是各职业类院校，应当勇于肩负起这一重要职责。各高校可以发挥各校继续教育学院、对外合作处等对外服务部门的职能，积极对接和承接政府培训项目、深入地方企业送教上门、到各大劳务市场问卷调查，根据实际情况与自身优势为新生代农民工开展多种多样的非学历及学历教育，保障其文化素质与职业技能方面都得到提升，实现市民化。[①] 辜曾、刘莎莎认为，需加强企业文化建设，促进农民工职业生活的市民化。企业要加强人文关怀，营造和谐企业文化，提高农民工对企业的归属感和认同感。营造社区文化，促进农民工精神生活的市民化。充分发挥党群组织在促进农民工社区融合中的作用，建立农民工流动党支部，以密切党组织和农民工的联系。[②] 周密从新生代农民工人力资本培育问题着手，提出要加强新生代农民工的职业教育、在职培训，规范劳资关系的同时加强政府监管，鼓励城市教育培训体系向流动人口开放。[③] 苗志茹认为，要注重精神空间的建设，增强新生代农民工的归属感。发挥社区这"最后一公里"的作用，将新生代农民工纳入免费享受社区公共文化基础设施的范围；鼓励用人单位加强对新生代农民工的精神和文化生活关怀，提高新生代农民工的精神满足感。[④]

---

① 高长江. 新时期新生代农民工市民化问题及对策探究［J］. 就业与保障，2019（22）：31-33.
② 辜曾，刘莎莎. 农民工市民化进程中的问题与对策［J］. 四川劳动保障，2021（8）：29.
③ 周密. 新生代农民工市民化程度的测度及其影响因素［D］. 沈阳：沈阳农业大学，2011.
④ 苗志茹. 新生代农民工市民化：人、地、房、业多重分离及其化解之道：基于空间理论的视角［J］. 中共青岛市委党校青岛行政学院学报，2022（1）：65-69.

二、关于"新生代农民工"的思想观念

新生代农民工生活在一个城乡双向"拉扯"的社会环境中,这使得他们的思想观念既不同于老一代农民工,又与城市居民有所不同。围绕新生代农民工的思想观念,学界展开研究。黄进的《价值冲突与精神皈依——社会转型期新生代农民工价值观研究》、黄丽云的《新生代农民工市民化中的价值观》是研究新生代农民工价值观的两本有分量的代表性著作。

(一)"新生代农民工"的价值观

高韧指出,新生代农民工具有过渡人、边缘人、半城市化人的特征,他们处于从传统到现代、从农民到市民、从无权到增权的变化过程之中,具有多元、异质、矛盾、冲突、困惑等群体性价值观特征。① 房彬通过对比新老两代农民工的价值观念,指出由于受到农村传统文化影响至深,且与城市文明缺乏深入接触,所以老一代农民工的价值观念并没有发生根本变化。新生代农民工则不同,在城市融入的进程中,他们的价值观发生重大变迁,部分新生代农民工的价值取向功利化、价值评判金钱化、价值选择多样化。② 何丽梅指出,新生代农民工具有发展意愿强烈,却难以真正融入城市的"双栖性"特征,培养新生代农民工的价值观需要完善利益机制,引导新生代农民工价值观的正向发展,拓展新生代农民工思想教育路径,

---

① 高韧. 塑造、传播与提升:新生代农民工价值观管理 [J]. 求实, 2012 (2): 83-87.
② 房彬. 城市融入进程中新生代农民工的观念变迁:基于文化接触理论视角的分析 [J]. 兰州学刊, 2014 (7): 99-103, 138.

并引导他们树立正确的义利观。① 何瑞鑫、傅慧芳总结出新生代农民工价值观具有价值主体的自我性、价值目标的务实性，以及价值观念的多元性等特点。② 魏婕分析了乡村振兴战略的背景下，新生代农民工价值观培育的困境以及解决路径。她指出，新生代农民工存在务农意向较低、回归乡村认同不高、消费多元化、个人技能脱离"三农"、回归乡村需要适应等问题，还指出要完善新生代农民工的人生价值指引，帮助其形成正确的人生观，实现个人与乡村共成长。③

（二）"新生代农民工"的就业观念

崔巍、张亦贺认为，新生代农民工受教育程度较高，心气高，处于"追梦"的年龄段，又适逢中国社会物质文化水平提升的大背景，他们对职业怀有高价值预期和诉求。④ 房彬、张子昂认为，许多新生代农民工对农业缺乏感情，不愿意以农为业；在城市就业时，与第一代农民工相比，很多新生代农民工缺乏吃苦耐劳精神，不愿意干脏活、累活，频繁调换工作。⑤ 黄丽云调查发现，新生代农民工

---

① 何丽梅. 新生代农民工如何实现价值观的理性构建 [J]. 人民论坛, 2020（25）：88-89.
② 何瑞鑫, 傅慧芳. 新生代农民工的价值观变迁 [J]. 中国青年研究, 2006（4）：9-12.
③ 魏婕. 乡村振兴战略背景下的新生代农民工价值观培育与引导路径 [J]. 农业经济, 2020（9）：66-68.
④ 崔巍, 张亦贺. 新生代农民工价值观念的特质 [J]. 农业经济, 2020（2）：64-66.
⑤ 房彬, 张子昂. 论功利主义对新生代农民工价值观的消极影响与对策 [J]. 重庆科技学院学报（社会科学版）, 2017（9）：24-26.

有一种急切的谋富心理,他们在工作中看重的是获取利益的多少。①

(三)"新生代农民工"的消费观念

孙金花认为,新生代农民工消费观念的特点是消费缺乏理性、盲目追求攀比、储蓄意识淡薄。与他们的父辈相比,新生代农民工在幼年时期家庭条件已经大为改观,因此,他们的勤俭观念较为淡薄。② 房彬认为,与老一代农民工相比,新生代农民工的节俭意识相对缺乏,他们主张适当消费,甚至出现"炫耀性消费"和过度消费的现象。③ 李刚、刘养卉从新生代农民工消费观念的特征、困境及解决路径三个方面进行研究,指出新生代农民工呈现出个体消费有限性、群聚性和低廉性,专项消费需求增加,消费方式多元化及二元性等特征。同时,他们又面临着消费水平低、消费结构不合理、消费制度保障不足、消费信心缺乏、对消费环境认识不足、消费质量不高、消费理念相对传统与消费缺乏理性等困境。针对困境,李刚、刘养卉提出引导消费预期、加强消费教育和消费引导、树立科学的消费观等解决路径。④ 刘子玉等人对新生代农民工的消费观念进行调研,结果表明新生代农民工消费水平有明显提高,消费结构中用于基本生活方面的消费比例较高,要加强对新生代农民工消费观的引

---

① 黄丽云. 新生代农民工市民化中的价值观 [M]. 北京:社会科学文献出版社,2012:91.
② 孙金花. 新生代农民工消费观念现状和引导路径探析 [J]. 才智,2016 (29):221.
③ 房彬. 城市融入进程中新生代农民工的观念变迁:基于文化接触理论视角的分析 [J]. 兰州学刊,2014 (7):99-103,138.
④ 李刚,刘养卉. 新生代农民工消费特点、困境及其路径研究 [J]. 西安财经学院学报,2014 (6):85-89.

导，提倡科学、合理、健康、适度的消费理念，反对铺张浪费的消费理念。①

（四）"新生代农民工"的婚恋观念

袁霁虹认为，新生代农民工婚恋观念的形成受父母示范、村民议论和影视臆想这三种力量影响，形成"农村围城"；在城市媒体背景下，他们的婚恋观念又受到大众传媒和人际关系的影响，形成了"城市围城"。"城市围城"与"农村围城"相比，是一种地理意义上的迁徙和转型，但在婚姻观念上则是一种没有发展的成长，即"内卷化"，致使新生代农民工的婚姻观念陷入不上不下、进退两难的困境，因此他们也成了婚姻上所谓的"悬浮人"。②段爽园分析了新生代农民工和老一代农民工婚恋观的差异：老一代农民工选择结婚对象的方式主要是亲缘关系和地缘关系，新生代农民工在择偶方式上，业缘关系仍然发挥着重要作用，但是他们对于网络择偶的方式越来越认可；在结婚年龄上，对新生代农民工来说，这成为一个相对模糊的概念，和老一代农民工相比，他们的结婚年龄有很大程度的延后；在生育观念上，老一代农民工更多地受传统观念的影响，而新生代农民工在面对生育问题的态度上呈现出宽松和多元化的趋势。③

梳理国内学者对新生代农民工问题的研究，可看出学界已取得

---

① 刘子玉，李淑丽，孙巍. 新生代农民工消费对推进城镇化影响研究［J］. 经济纵横，2014（7）：39-42.
② 袁霁虹. 媒介"围"城：新生代农民工婚恋观研究［J］. 中国青年研究，2016（8）：66-72.
③ 段爽园. 湖南地区新生代农民工婚姻观念变迁研究［D］. 湘潭：湘潭大学，2019.

较为丰硕的成果。概括学界的观点，新生代农民工内心渴望融入城市，家乡情结较弱，期望在城市谋求长远发展；他们的文化水平普遍较高，公民意识较强，具有较高的法律意识和维权意识，渴望在城市找到好工作；他们具有现代消费观念，但勤俭意识淡薄；他们重视自身学习和子女教育，希望学得一技之长助力个人长远发展。市民化方面，新生代农民工市民化的影响因素包括个人因素、社会因素和心理因素，面临的问题和挑战主要是由户籍制度引发的包括就业、住房、教育等相关问题，积极推动新生代农民工市民化，要着力解决他们面临的这些问题。思想观念方面，新生代农民工的价值观受到冲击，需要引导，以帮助其形成正确的价值观。

综上，新生代农民工问题研究成果丰硕，这为本书的写作提供了研究基础，但从学界已有研究看，学者的研究还主要集中在新生代农民工的城市融入、市民化、社会适应、价值观等方面。虽然也有学者研究新生代农民工的就业观念、消费观念、婚恋观念等，但基于动态视角，研究市民化进程中新生代农民工观念变迁的成果还较少，这方面还有深入研究的空间。从新生代农民工观念变迁视角，研究新生代农民工思想教育的成果也不足。本书专门对此进行研究，并从新生代农民工观念变迁的实际出发，基于思想教育是引导观念变迁的重要途径，利用思想政治教育学有关理论，研究新生代农民工思想教育。

第四节 研究思路和研究方法

一、研究思路

本书研究按照"概念界定—现状调查—原因分析—对策建议"路径展开。首先，基于"新生代农民工"是本书研究的核心概念，在"绪论"部分专门一节对此进行界定，并剖析其特征；其次，从乡土观念、就业观念、消费观念、婚恋观念四个层面，阐述新生代农民工的观念变迁；再次，基于文化接触理论视角，剖析新生代农民工观念变迁的原因；最后，鉴于思想教育是引导观念变迁的重要途径，阐述新生代农民工思想教育的价值、现实困境及突破路径。研究的落脚点放在新生代农民工思想教育工作上，以提升新生代农民工思想道德素质，引导新生代农民工观念变迁，促进其城市融入和市民化。

为此，研究的过程坚持"三个结合"：一是坚持理论和实际相结合。一方面，通过社会调查，了解新生代农民工观念变迁的现状和思想教育的现实困境；另一方面，利用相关理论开展研究，利用文化接触理论，剖析新生代农民工观念变迁的原因，利用思想政治教育价值论、环境论、载体论等，对新生代农民工思想教育价值和策略进行理论研究，为新生代农民工思想政治教育工作实践提供参考。二是坚持静态分析与动态研究相结合。一方面对新生代农民工的群体特征、观念及思想教育现状等进行静态分析，以把握现状；另一方面，在动态分析、比较分析中把握新生代农民工的观念变迁，并把这一群体的观念变迁置于城镇化进程和市民化过程进行研究，探讨城镇化进程和市民化过程中新生代农民工的观念变迁与思想教育。三是坚持整体分析与个案研究相结合。作为一个群体，新生代农民工具有共同特征，但作为个体，新生代农民工内部又有着千差万别，本书既把新生代农民工作为一个群体进行整体分析，又适当选取个别新生代农民工进行个案研究、案例分析。

二、研究方法

以马克思主义为指导，运用多种研究方法。主要包括：

一是文献研究法。广泛收集与农民工，特别是与新生代农民工相关的文献资料，梳理与新生代农民工思想观念、城市融入相关的研究成果。

二是质性研究法。质性研究"是以研究者本人作为研究工具，在自然情境下，采用多种资料收集的方法对社会现象进行整体性探究，使用归纳法分析资料和形成理论，通过与研究对象互动对其行为和意义建构获得解释性理解的一种活动。"[①] 农民工问题是笔者近年来研究的方向之一，笔者主持并完成的教育部人文社科研究青年项目的研究对象即与新生代农民工相关。近几年，笔者曾多次带领研究生，围绕新时代农民工政策、新生代农民工的城市融入和思想观念进行调查。笔者来自农村，家乡有大量亲朋好友多年来外出打

---

① 陈向明. 质的研究方法与社会科学研究 [M]. 北京：教育科学出版社，2002：12.

工，其中很多人就属于本文研究的群体——新生代农民工。笔者将自己置身其中，通过持续观察、跟踪调查、互动交谈，了解他们在外打工的状况和观念变迁。为了写作本书，2021年年初，笔者也带领研究生围绕新生代农民工的观念变迁进行专门调查。调查主要采取访谈的方式进行，共访谈30多人，得到第一手资料，并对这些资料进行归纳分析，这为本书的写作提供了支撑。①

三是案例分析法。新生代农民工问题不仅是学界关注的理论问题，也是新闻界关注的现实问题，很多记者对新生代农民工的生活和工作进行了报道，有的媒体开设了"农民工专刊"，如《工人日报》开设的《农民工周刊》等。本书根据研究内容，引用了这些报道中的相关案例，并进行了分析。

四是比较研究法。主要包括新生代农民工与老一代农民工的比较，新生代农民工思想教育与大学生思想政治教育的比较。

五是多学科综合研究法。本书研究的是新生代农民工的观念变迁与思想教育，"新生代农民工""观念变迁""思想教育"是本书研究的关键词，本书主要运用思想政治教育学相关知识进行研究，同时借鉴社会学和历史学相关理论和方法进行分析。

---

① 笔者注：具体访谈资料见本书附录。为了加强读者对新生代农民工观念变迁的认识和了解，同时也为了其他学者继续研究的需要，笔者特意把这些访谈资料以附录的形式公布于书末。

第一章　新生代农民工的乡土观念和就业观念变迁

马克思主义认为,"人们首先必须吃、喝、住、穿,然后才能从事政治、科学、艺术、宗教等。"① 这表明,物质资料的生产方式是社会发展的决定力量,也决定着人们的思想观念和精神状况。新生代农民工到城市打工,空间的位移,生产方式、生活方式的改变,决定了新生代农民工的观念必然发生变迁。本章及第二章,笔者主要基于社会调查和个人观察,并利用媒体上的相关报道作为案例,从乡土观念、消费观念、就业观念、婚恋观念四个层面,剖析新生代农民工的观念变迁。本章主要阐述新生代农民工的乡土观念和就业观念变迁。

---

① 马克思,恩格斯. 马克思恩格斯选集:第三卷 [M]. 中共中央翻译局,译. 北京:人民出版社,2012:1002.

第一节　新生代农民工的乡土观念变迁

在中华农业文明的长期滋养下，中国传统农民对脚下的土地有着较深的感情，具有浓厚的乡土观念。对此，著名的社会学大师费孝通在其著作《乡土中国》中有着经典阐述，他指出："从基层上看去，中国社会是乡土性的。"① 构成社会基层的广大农民具有乡土性，费孝通概括出农民乡土性特点：一是与土地分不开。人们依靠土地而生，形成了具有氏族性的家庭并且形成了中国乡土社会的基本单元——村落。几十户人围绕百十来亩地，一个村落的形成不过如此。农民离不开土地，在土地里种植庄稼养家糊口，在土地上建造房屋遮风挡雨，聚居而生，日出而作，日落而息。二是安土重迁。土地是农民最重要的生产资料，为农民提供了最基本的生存保障，农民视之为命根子。农民敬畏土地，热爱土地，珍惜土地，离不开土地，土地的重要性以及农民"生于斯，死于斯"的生活状况，使得传统农民形成"安土重迁"的传统。他们依靠土地而生，围绕土地生活，死了就埋在自家土地里，好比叶落归根。传统农民对家乡有着强烈的依恋心理，对他们而言，"世代定居是常态，迁移是变态"，外出往往是被动的，是一种无奈之举。三是熟人社会。传统村落彼此之间相互孤立，联系较少，但是，在村落内部是一个熟悉的没有陌生人的社会。农民每日活动的范围就在几里到十几里之间，

---

① 费孝通. 乡土中国 [M]. 北京：北京大学出版社，1998：6.

村里家家户户发生什么事都知道，乡里乡亲之间熟悉到即使闭上眼也可以通过脚步声、咳嗽声等辨别出是谁来了。传统农民的生活以土地为基础，以村民在长久的生活中形成的礼俗为规矩，以人情为纽带，构建了相对完善的乡村生存之道。乡土观念是传统农民小农意识的重要组成部分，体现了农民对土地和家乡的深厚感情，有利于农村稳定和农业生产，但也由此"造成了农民的狭隘、保守、固执、宁愿贫穷也不离乡的心理"[①]。

改革开放后，随着政策的松动，在生存的压力下，农民不再满足于自给自足的农耕生活，而是进入城市务工。改革开放之初进城务工的农民工，可称为老一代农民工。通过打工能赚到比种地更多的钱，是促使老一代农民工进城的最主要因素，但其身上的"乡土性"决定了他们对家乡的土地仍然有着深厚的感情。他们大多对城市保持"暂居"心态和"过客"心理，在他们的心目中，农村的土地和家庭才是最终归宿。[②] 他们虽然人在城市，但是乡土观念仍然相当程度地存在于他们的头脑中，家乡一直是其魂牵梦绕的地方，即便在外流动多年，他们也想着叶落归根。21世纪以来，特别是党的十八大以来，与传统农民和老一代农民工相比，新生代农民工的乡土观念虽未消失，但明显淡化，这主要表现在以下几方面。

一、对待家乡的态度方面

老一代农民工对家乡怀有深厚的感情，对他们而言，家乡是他

[①] 周军. 改革开放后中国乡村观念文化变迁的现象解析 [J]. 中央民族大学学报（哲学社会科学版），2013 (3): 53-57.
[②] 朱亭瑶. 落地未生根：新生代农民工的城市融入困境与出路 [J]. 兰州学刊，2013 (3): 137-142.

们魂牵梦绕的家园、叶落归根之地。与老一代农民工相比，新生代农民工对土地情感较淡，但对家乡仍然有不可割舍的感情。故乡是一种淡淡的乡愁，即便长期在外打工，甚至在城市安家落户，新生代农民工仍然关注家乡，了解家乡风俗人情。针对"对家乡的风俗人情了解情况"，我们的调查发现，"非常了解"和"比较了解"的新生代农民工占调查总人数的一半以上；针对"是否经常与他人谈论自己的家乡"问题，"总是谈论"和"经常谈论"的人数也超过调查总人数的一半。这表明，新生代农民工热爱家乡，即使漂泊在外，心中也牵挂着家乡。新生代农民工对家乡的热爱还体现在返乡创业方面，一方面有的新生代农民工外出学到一技之长，积累了资金后，积极返乡创业，为家乡的发展作贡献；另一方面，新生代农民工热爱家乡但不会固守家乡，他们对外出持肯定态度，认为年轻人就应该出去闯闯。对他们而言，外出打工是常态，留守农村是例外。[①] 逢年过节他们也会回家探亲，但很多是礼节性的、短暂的情感寄托，回家的意义在新生代农民工心目中的地位已经下降。

二、对待土地的情感方面

由于长期与土地打交道，老一代农民工对土地有很深的感情。农忙时节，老一代农民工常常会回老家帮忙收割庄稼，即便因种种原因一时难以回去，也总是挂念着家乡的土地，牵挂着家乡土地上生长的农作物。归乡的第一时间，老一代农民工常常会到田地走走，

---

① 房彬. 城市融入进程中新生代农民工的观念变迁：基于文化接触理论视角的分析 [J]. 兰州学刊, 2014 (7)：99–103, 138.

看看庄稼的长势，甚至捧起一把泥土，闻闻家乡泥土的芬芳。有的老一代农民工即便因为举家外出务工无人种田，也不忍心土地抛荒，而是让乡邻或亲戚代为耕种。他们对待土地的情感是真挚的，对他们而言，浪费土地就是罪过。与老一代农民工相比，新生代农民工对土地的感情较淡。一方面，由于新生代农民工大多是毕业后就直接进城打工，或自小就随父母进城，基本没有长期务农的经历，因而对土地缺乏深厚的感情；另一方面，与工业相比，传统农业是弱势产业，种田的收益相对较低，这也使得新生代农民工对土地的感情较为淡薄。部分新生代农民工排斥农业劳作，不愿意种田。访谈中，有的新生代农民工（访谈对象32）甚至表示："将来老了即使捡破烂也不从地里刨食。"这反映了部分新生代农民工对土地缺乏情感。

三、对未来的打算方面

老一代农民工渴望叶落归根，年纪较大无法继续打工后，他们会义无反顾地选择返回家乡养老或者继续种田，而新生代农民工的梦想在城市，他们更渴望留在城市发展。如下文所述，新生代农民工进城务工的动机不仅是为了挣钱，还为了寻求自身发展，城市可以为他们提供更多的发展机会。在城市打拼站稳脚跟、适应城市生活后，很多人便不再想回农村依靠土地生活。多数新生代农民工认为，未来留在城市生活的发展前景会更好。新生代农民工梦想在城市安家落户，他们把家乡作为退路和最后的依靠，认为混得好就留在城市，混不好就等将来返回农村。正如访谈中的一位新生代农民工（访谈对象28）所言：

家乡对我来说有更加重要的东西，有家人，有朋友，最后才是那片伴我长大的土地。但是我也不会否认把土地作为生活的最后保障这个想法，家里的土地对于我来说可能更多的是宅基地的那份保障。以后无论有没有出人头地，有没有在上海买到一套房子，我可能最终还是会回去，让自己有一个属于自己的家。哪怕现在的生活日新月异，国家也出台了相应的宅基地政策，我觉得在法律允许的条件下，以后自己退休后，更倾向于回归田园生活，农村生活也挺好。

调查还发现，部分新生代农民工对未来缺乏长远的打算，而是走一步算一步。对于大多数人来说，虽然清楚地认识到"打工赚不到太多钱""不可能一辈子在外面打工"，但就目前来看，他们仍会选择继续打工。对于新生代农民工来说，虽然认识到打工不是长久之计，但依然会走下去。[①]

第二节　新生代农民工的就业观念变迁

就业观念是指人们对就业的目的、标准、意义与价值等的基本看法和态度。新生代农民工是伴随着改革开放成长起来的群体，与

[①] 中国社会科学院社会学研究所社会心理学研究中心课题组. 流动的"新市民"，离融入城市还有多远：新生代农民工生活与心态调查［N］. 光明日报，2020-10-09（07）.

老一代农民工相比,其生活条件和工作环境有了极大改善,这使得新生代农民工的就业观念发生较大变化。

一、外出就业动机和目的方面

老一代农民工进城市打工主要是基于经济因素考量,目的就是为了赚更多钱以养家糊口。而新生代农民工吃穿不愁,对他们而言,进入城市务工不仅能比在农村种田获得更高的收入,还意味着视野更加开阔,发展机会更多。新生代农民工外出打工不仅仅是为了挣钱,还为了寻求自身发展,增长见识,提高能力,追求梦想。

外出打工能锻炼自己,提升个人能力。人生在世,有很多欲望想要实现,这些可能通过外出打工这个快捷的途径实现,打工也能使自己有更大的发展。(访谈对象20)

首先是帮助自己寻求更好的发展,认识外界,开阔视野,交更多的朋友。(访谈对象21)

打工能增长见识,快速提高自身各方面的能力,享受大城市的便利生活。(访谈对象25)

对我而言,外出打工让我打开了新世界的大门,让我见识到外面社会的日新月异,使我不会一辈子"坐井观天"。(访谈对象26)

外出打工除了挣钱,让我能自力更生、养家糊口外,同时让我增长见识,提高自己各个方面的能力,如社交能力等。(访谈对象29)。

可见,新生代农民工不再像老一代农民工那样把"挣钱、盖房、娶妻、生子"作为外出打工的终极目标，而是追求改善生活，增长见识，提升自己，改变命运，实现个人价值，提高社会地位，摆脱"农村人"身份，实现在城市安家落户的梦想。可以说，新生代农民工带着一腔青春热血到城市打工，不仅是为了谋"饭碗"、谋生存，还是为了谋事业、谋发展，力图通过努力奋斗在城市中立身、安家，获得认可。新生代农民工进城就业的动机，反映了新生代农民工对人生理想的追求。

案例：自我提升和赚钱同等重要[①]

陈晓是一名程序员，今年刚满30岁，每天除了工作之外，还要照顾妻子和孩子。除去基本的生活开销，每月剩余的工资还要打给远在陕西农村的父母。程序员相对丰厚的薪水让陈晓足以应对一家老小的开支。经过3年的努力，他刚晋升为组内负责人，收入也有了明显增加。

"人嘛，就要不断往前闯。"陈晓之前曾在广州创业做化妆品生意，但因没有成熟的互联网推销模式最终失败，辗转多地后最终来到北京工作。在他看来，身为农民的父母一辈子追求稳定，而自己则想趁着年轻多实现人生价值。"只要努力，人人都有属于自己的一片天地。"陈晓说。

高薪资的背后，则需要长时间、高强度的付出。陈晓每天的工作时间为早八晚七，周末偶尔的休息时间还要用来陪伴孩子。为了尽可能节省房租，他把房子租在了五环以外，每天上班就要花费一

[①] 韩阳阳. 不少年轻人热衷编程变身"码农"[N]. 工人日报, 2021-08-20 (7).

个多小时的时间通勤。

即便如此辛劳，乐于学习的陈晓也会在通勤的时间拿起手机看看技术类的短视频，学习一些前沿的编程代码知识。刚入职时，他还参加过考研培训班，尝试提升自己的学历。陈晓深知："如果不能持续学习，很快就会被淘汰，因此要不断提升自己。"

和陈晓一样有强烈学习意愿的新生代农民工不在少数。据2021年7月20日发布的《2021新生代农民工职业技能调研报告》显示，69.1%的"95后"新生代农民工渴望获得职业技能培训机会，其中75.04%的人想从事服务行业，尤其是和互联网相关、数字化程度高的服务业。此外，"95后"农民工受教育程度高于第一、二代农民工，并且多数在城市出生或长大，有9.47%的群体有着强烈的数字化技能需求。

对于不少新生代农民工而言，自我提升和赚钱同等重要。从事数据库管理与维护的李倩向记者表示："技术更新太快了，必须不断学习才行。"刚入职时，李倩的工作状态比较轻松、悠闲，她每天下班后会看看网剧、综艺等放松心情。然而，随着工作的不断深入，她发现她的工作内容随着技术的更新而变得越来越复杂、艰深，如果不及时"充电"，很快就跟不上节奏了。

案例：渴望获得认可的新生代农民工[①]

25岁的韩钦林在南京中建安装公司工作了7年，现在已经成长为一名经验丰富的专业电焊工。在他看来，同龄人更加倾向于选择

---

① 孙方慧. 新生代农民工择业观变了 [N]. 工人日报, 2019-12-05 (7).

大城市、大公司作为发展平台，这意味着有更多提升自己能力、展示自己实力的机会。"公司的发展规模是起初我择业的最大影响因素。大公司平台更广，即便个人能力再强，没有平台也不行。"韩钦林说。

在行业选择上，韩钦林表示会更加倾向于对专业技能具有独特要求的工作，这能更好地在社会上找到属于自己的位置，实现自己的独特价值。一门独到的专业手艺往往等同于更靠得住的"饭碗"。"技术非常关键，有一技之长比什么都不会强。我们和城市里的大学生不一样，拼不过学历，就需要掌握技术。技术的好与坏，决定了我们的未来。"韩钦林说。

此外，所处环境的不同也让这批年轻人开始反思。韩钦林跟着项目几乎走遍了上海、南京等国内一、二线城市，见过的人越多，他就越能感受到"人人都想往大城市发展，和什么人在一起就能成为什么人"。技校毕业的韩钦林告诉记者："上学的时候对'知识改变命运'这个问题考虑得比较少，工作以后才发现，学历限制了我的上升空间。如果以后有机会，我愿意参加成人高考。"

相比上一代人来说，像韩钦林一样的新生代农民工对于通过自己不断的努力获得他人认可有着更鲜明的愿望。为了让自己在专业技术领域获得认可，韩钦林常常参加技能大赛。"我不想碌碌无为，人生总得有点追求。技能大赛可以充分展示我自己，这是证明自己实力和能力的过程。行业不分高低贵贱，三百六十行，行行出状元。我想给自己一个努力的目标，也想获得别人的认可。"韩钦林说。

以上案例表明，新生代农民工择业时注重对自我价值的追寻，他们认为自我提升和赚钱同等重要,希望掌握技术,渴望获得认可,这反映了新生代农民工的就业观念发生明显变迁。

二、择业标准和求职渠道方面

新生代农民工的择业标准和求职渠道呈现多元化特点。从择业标准看,新生代农民工外出就业的择业标准与老一代农民工明显不同,老一代农民工主要看重报酬的多少,而新生代农民工除了注重劳动报酬以外,工作环境的舒适度、人格尊严的受重视程度、岗位发展空间的大小、个人兴趣等,也是他们择业时考虑的重要参考因素。

案例:从事美甲师工作的林林[①]

19岁的林林是一位在北京美甲店工作的成都女孩。"家里人想让我学会计,但我一做数学题就头大。我告诉家人我想学美甲。"现在林林已经从事美甲行业1年多了,她表示只有做感兴趣的事情才能真正让工作变得快乐。"上学的时候就喜欢自己涂指甲油,后来就跟着美甲视频自学,最后就真的成了美甲师。"工作本身就是兴趣所在,所以刚入行时,即便因为经验不足时常被顾客批评,林林也从来没有放弃,始终坚持着自己的梦想。

林林经常自己研究新的美甲样式,不少顾客因为看了她上传到网络上的图片慕名而来。"每次我们调出的色彩都不同,所以每一位顾客的美甲都是这个世界上独一无二的作品。"美甲店的其他年轻人

---

① 孙方慧. 新生代农民工择业观变了 [N]. 工人日报, 2019-12-05 (7).

表示:"林林经常沉浸在她的创作里无法自拔。"

林林的就业故事表明,兴趣已成为影响新生代农民工择业的重要因素,他们希望从事自己感兴趣的职业,也乐于投入其中。工作不仅仅是为了挣钱,还能获得快乐。

求职渠道是指寻找工作的途径和方式。老一代农民工的求职渠道主要是熟人介绍,虽然新生代农民工并没有摆脱这种传统的求职方式,但是随着社会的发展,新生代农民工的求职途径和方式也越来越多样化。我们的一项调查显示,在新生代农民工就业的主要途径中,"亲朋好友同学带领"的途径占比28.41%,"利用网络求职"的途径占比26.14%,"劳动力市场求职"的途径占比11.36%,"其他"途径占比27.27%。可见,与老一代农民工相比,新生代农民工的求职渠道呈现多样化的特点,主要有亲朋好友同学带领、利用网络求职、劳动力市场求职等。值得注意的是,通过网络求职的新生代农民工占有一定比例。可以预见的是,随着互联网的日益普及以及新生代农民工自身素质的不断提高,他们获取职业信息的渠道将越来越多,职业选择的途径和范围也会越来越广,获取工作的方式也会越来越多样化。

三、行业选择方面

老一代农民工进城打工主要从事第二产业,主要分布在建筑业、制造业、采掘业等。新生代农民工的择业观发生变化,建筑工地、流水线车间不再是他们优先的选择。如国家统计局内蒙古呼和浩特调查队的数据显示,传统的建筑业从业者更多地集中在高龄农民工,其中30岁以下群体中从事建筑、装修的占15.0%，而50岁以上人群的占比则为42.7%。①

案例：建筑行业"失宠" 年轻农民工难留②

"装修费用越来越贵，除了因为砂浆、水泥等材料成本上涨，还有用工成本的上涨。"干了多年建筑行业的王崇明现在是北京某装修公司的营业经理，几年前做油漆工的他工资一天100元，而现在一个小工的工资大概也要100多元。

眼下，王崇明所在的建筑业不得不面临一个现实问题：建筑工人的数量正在不断缩减。未来，建筑行业如何吸引新生代农民工来缓解用工不足？

工人老龄化，工资上涨

"现在工人越来越少，处于青黄不接的时期。我们这一代工人老了以后慢慢退出这一行，但是年轻的力量补不上来。"王崇明说。据《2018年农民工监测调查报告》显示，2018年农民工总量为28836万人，但增速仅为0.6%，从事建筑业的农民工比重为18.6%，比上年下降0.3个百分点，而其中对农民工较具吸引力的京津冀地区，农民工的数量减少了27万人。

来自甘肃天水的"70后"王建水在北京东二环回迁住宅项目工地做零工，他也明显感受到了这种变化。他所在的施工队原来有800多人，现在只剩下差不多一半，由此也带来了工人薪水的提高，"像抹灰工、泥瓦工等大工，按每平方米建筑面积结算，平均下来一天

---

① 李玉波. 月薪过万，建筑业为何难觅90后？[N]. 工人日报，2022-06-03（5）.
② 唐姝. 建筑行业"失宠" 年轻农民工难留 [N]. 工人日报，2019-06-13（6）.

可以达到400多元"。

抹灰工杜师傅10年前从老家河南来北京打工，他也越来越感受到建筑行业的缺人情况，比如瓦工有时候一个人同时受雇于七八家业主，"即使工资给得高，也很少有人愿意干，尤其是年轻人，因为实在太辛苦了"。

住总集团人力资源中心主任李磊告诉《工人日报》记者，虽然目前住总集团的劳动力没有明显短缺问题，但是可以感受到劳动力招聘组织难度越来越大。此外，近3年来，集团的农民工工资涨幅在15%左右。他认为主要是建筑工人缺乏就业意愿，以及老龄化加剧等问题，造成高技能人才匮乏，工资水平不断上涨。

招工难，用工成本高，其中不可忽视的一个问题就是工地上的年轻人越来越少。在王崇明的公司，工人的主力军是70后和80后。而在王建水的工地上，几乎没有年轻人愿意来干活，只有为数不多的几个90后。

李磊给出了一组数据，他所在的企业目前在册农民工22955人，其中80后（30~39岁）6209人，占总人数的27.05%；90后（20~29岁）3231人，占总人数的14.08%；60后、70后（40岁以上）13359人，占总人数的58.20%。

……

小辉是90后，来自湖北孝感，负责北京丰台西局区域的外卖配送，他认为送外卖虽然风吹日晒，但是比工地要轻松很多，而且时间上更自由，工资每月平均五六千元，干得多时可以达到近万元，"多劳多得，每一单都是为自己赚的。"他的同事吴勇也表示工地环

第一章 新生代农民工的乡土观念和就业观念变迁

境太差，收入并不稳定，还可能会遇到拖欠工资的情况，而在从事外卖工作的一年多里，每月的工资都会准时打到卡里。

案例：沈阳多处建筑工地遇招不来年轻人尴尬①

"招不来徒弟，几十年的手艺都传不下去。现在，很多建筑工地都面临招不来年轻人的情况。"2017年4月27日，中铁九局四公司香湖盛景苑项目的瓦工李海峰说起建筑行业招不来年轻人时，这位已有36年从业经验的"老建筑人"显得忧心忡忡。

据《2017年农民工监测调查报告》显示，2017年建筑业农民工平均工资3918元，高出全行业平均工资12.4%。然而，从事建筑业的农民工为5415万人，比上年减少了135万人。工资高，年轻人为何还不愿意干？2017年4月18日至4月27日，《工人日报》记者带着这个疑问到沈阳市雅居乐花园、中海城、荣盛盛京绿洲等17家建筑工地进行了走访。

"在工地上，年轻人特指40岁左右的人"

2017年4月27日，在香湖盛景苑项目工地上，53岁的李海峰等五名抹灰工正在将已灌注完的混凝土抹平。泥点子迸溅到工装上、脸上，鞋面已经没入泥中。不一会儿，李海峰就满脸通红，喘着粗气："这种卖体力的活儿，现在基本都是四五十岁的人在干。"

说起工地上对于年轻人的界定，"现在，在我们工地上，年轻人特指40岁左右的人"，香湖三期一工区项目经理部党支部书记勾林介绍说。他目前负责的工地上一共有200多名工人，只有10多名

---

① 刘旭. 沈阳多处建筑工地遇招不来年轻人尴尬［N］. 工人日报，2018-05-10（6）.

"80后",最年轻的人也已经36岁了。

事实上,这个情况在建筑工地上并非个例,《工人日报》记者走访的17家建筑工地,无一例外都出现了工人年龄偏大的现象。中建二局东北分公司党委副书记李兵告诉记者:"我们公司在全国共有67个施工项目,在册农民工12589人,'40后''50后'农民工占了近六成。"

还有两年就准备退休的李海峰,老家在辽宁省北票市二道沟村,父亲是村里的瓦匠。17岁,他就跟着父亲学手艺,打的第一份工就是在工地。30多年来,他辗转于辽宁阜新、丹东等地的20多个工地,跟了六七个师傅。

李海峰告诉《工人日报》记者,建筑工属于比较特殊的工种,技术含量高。"比如操作工艺、施工计算、机械作业等,没有接受过严格的培训和丰富的实践经验,根本无法达标。"李海峰说,自己当年不知道经历了多少磨炼,吃了多少苦,才攒下现在的一身手艺。"可惜现在年轻人没人愿意学,传不下去,都白费了。"

说起没徒弟的遗憾,和李海峰在同一工地干活的木工李致富深有感触。李致富说,30多年前,铁岭市昌图县太平镇牛庄村、二台子村、六家子庙村3个村子,有60多名年轻人和他一起出来做工,分别学了木工、瓦工和油漆工等手艺。这么多年下来,还有40多人留在这个行业,这些人最大的已经67岁。"让我们遗憾的是,练了这么多年的手艺,真的就传不下去了吗?"

"木匠学徒月薪3500元,一年后6000元,勤快一点的可以拿到1万多元,真想不明白年轻人为啥就不愿意干?"李致富说。现如今，建筑工的工作条件和生活环境都有了很大改善，加上生产工具科技化程度不断提升，体力劳动减轻不少，"但年轻人似乎对这些都不感兴趣"。

进建筑工地曾是老一代农民工就业的主要选择，但从以上案例可看出，当前许多新生代农民工不愿进工地。这自有其特殊原因，比如，生活条件的改善、新生代农民工不愿意做脏活累活、建筑行业风险大、有其他更自由的工作可供选择等，这些不是本文要讨论的内容，但却反映了一个事实：新生代农民工的就业观念正发生变迁。不仅如此，一些新生代农民工表示不愿像父辈那样进厂务工。

案例：农村新青年：进厂，一辈子也不可能的①

凌晨2点。

耳机、麦克风、路由器……凌乱的茶几上，胡乱地堆着空矿泉水瓶和啤酒瓶，烟灰缸里塞了20多个烟头。"是兄弟的，'帮我扎起'。"九龙坡中梁山上的一栋民房里，25岁的金森操着不太标准的普通话，在电脑屏幕前卖力地直播。

金森在17岁就离开了家乡彭水，曾短暂地进过工厂打工，很快就辞职了，"想要自由，不想打工"。金森的第二份工作是司机，也没坚持太长时间。自从接触到"快手"后，金森很快对那些小视频入了迷。

金森的偶像是周星驰。金森小的时候父母在外打工，他是留守

---

① 余振芳，唐李琳. 农村新青年：进厂，一辈子也不可能的 [R/OL]. (2018-11-02) [2022-06-02]. http://cq.cqnews.net/html/2018-11/02/content_50127446.htm.

儿童，在插着天线的"熊猫牌"电视中，周星驰电影中那些经典的搞笑片段给他带来欢乐，陪伴着他长大。如今，他仍翻来覆去地从那些烂熟于心的片段中找灵感，并和自己的搭档构思出新的桥段，在出租屋附近的废弃厂房里拍摄一些时长不超过3分钟的搞笑段子，上传到"快手"上。

金森最为得意的是自己在万盛奥陶纪的一次灵感迸发，那是一个关于"抱女朋友"的段子，时长10秒，收获了8597个赞和2195条评论。"发上去没多久就收到好多留言，我才知道被热门推荐了，还被百度推广了，靠这个段子，我涨了2000多个'粉丝'。"金森说。

金森十分勤劳，几乎每天都要拍几个段子，但很多不满意的被他放在后台。他也经常去参加各种重庆"网红"的线下聚会。经过两年左右的积累，他现在有14.2万个"粉丝"。

曾有一些小广告商找上金森，报价一两千元，"我怕'粉丝'反感，'掉粉'，不敢接"。因为高中毕业就出来打工，金森觉得自己没有文化，不懂网络营销，不会"包装"自己，只能小心翼翼地留住"粉丝"对他的好感。

"我认识一个'网红'，也是农村出来的，现在已经去影视圈了。"金森渴望成名，随着"抖音"的火热，他也迅速注册了"抖音"号，但他发现，"'抖音'号玩不转，那上面都是一些有知识、有技术的视频，像我只会搞笑，还是快手简单，适合我"。

金森也时常怀念自己的家乡，但他不想回去。他曾试着在家乡做直播，在手机前又跳又笑的他，被父母斥为"疯子"。

<<< 第一章 新生代农民工的乡土观念和就业观念变迁

像金森这样的故事,不是个案。他们不像父辈那样渴望进厂,不想进厂打工,而是自己创业,或者从事新业态,这也反映了新生代农民工就业观念的变迁。

新生代农民工更加青睐现代服务业。相关调查显示,在美团这样的外卖平台,来自农村地区的送餐人员占总送餐人员的75%,其中82%为80后;在滴滴公司这样的网约车平台,76.34%的人是来自农村的司机,新生代农民工司机占59.3%。①

案例:新生代农民工更加青睐现代服务业②

相比工厂,现代服务业离生活的距离更近,从快递员、外卖配送员到网约车司机,这些职业角色活跃在人们的日常生活中。"现代服务业新业态快速扩张,这些都在吸引着新生代农民工的目光,在第二产业中挑起大梁的农民工在第三产业中仍然肩负重任。"中国劳动学会会长杨志明说。

蓬勃发展的现代服务业还在孕育更多机会。例如,受新型城镇化、人口老龄化、家庭服务社会化等因素的影响,中国家庭服务业正进入快速发展的黄金期。预计到2020年,家庭服务业将吸纳3000多万名农民工就业,到2035年将吸纳5000万名以上的农民工就业。

现代服务业作为就业渠道快速兴起的同时,新生代农民工就业倾向的变化也在悄然发生。调查显示,越来越多的农民工倾向于从事服务业或自主创业,他们愿意到更加灵活的服务业就业,也有不少人明确表示不愿意到工厂工作。其中,未来有创业愿望的人占比

---

① 李捷. 新生代农民工择业变了 [N]. 人民日报海外版, 2019-10-29 (11).
② 李捷. 新生代农民工择业变了 [N]. 人民日报海外版, 2019-10-29 (11).

达 40.77%，想从事服务业的人次之，为 24.94%。

杨志明分析，这主要是由于从事现代服务业，收入相对较高。调查显示，相对其他传统行业，现代服务业的收入平均高出 30%~50%。同时，服务业从业时间更具灵活性，新生代农民工更倾向于自主安排工作时间。

调查发现，与老一代农民工相比，新生代农民工的职业选择更为多元，有的人从事新产业和新业态。有学者研究发现，许多新生代农民工逐渐离开工厂体制，转向互联网平台工作，"网约工"成为新生代农民工就业的新选择①，还有的人选择"码农"。

案例：新生代"码农"②

"方向不对，努力白费。"这是 26 岁的张帅对于年轻人选择职业的看法。在山西某本科学校学习软件工程的他，临毕业时决定到北京找工作，如今已经在某中型信息公司从事网页搭建工作 2 年，成为一名不折不扣的"码农"。

出生在山西农村的张帅从小跟着父母在老家种地，他表示，在自己小时候的意识里，曾觉得种地比当老师还要挣钱。然而，随着自己不断成长，接受更多的学校教育，他的观念也发生了变化。大学毕业后，张帅认为大城市有更多的工作机会，父母也都支持自己的选择，"很自然就来到北京工作了"。张帅告诉记者，选择成为一名程序员，最重要的是"这份职业的较高薪资非常吸引人"，每月超

---

① 沈锦浩. 网约工：新生代农民工就业的新选择与新风险 [J]. 长白学刊，2020 (3)：120-127.
② 韩阳阳. 不少年轻人热衷编程变身"码农" [N]. 工人日报，2021-08-20 (07).

过 1 万元的收入能够让自己实现个人目前的 "财务自由"。目前还单身的张帅除了每个月有 2000 多元房租的固定开销外，剩余可支配的收入完全可以满足自己在服饰、美食等方面的消费。

还有个别新生代农民工在积攒了一定的经验和人脉后，会选择自己创业，由出卖自己的劳动力向创业当老板转变。

案例：创业当老板的年轻人[①]

"18 岁那年刚来北京的时候，每天早晨 4 点钟就要起床，跟着老板在动物园批发市场进货、卖衣服。"今年刚满 28 岁的刘薇已经来北京 10 年了。10 年的时间让刘薇在服装行业收获了丰富的经验，也积攒下了诸多人脉，这帮助她在 3 年前拥有了一间自己的小店。刘薇表示，和她一样来北京发展多年的新生代农民工，已经具备了一定的行业经验，对于择业更加谨慎，也更看重个人事业未来的稳定性。

"我刚来北京的时候什么也不懂，听说服装行业能赚钱就去做了。虽然现在没有以前景气，但每个行业都有自己的规则，轻易换行业太有风险。而且现在我的事业有了起色，如果换个地区发展，之前打下的基础可能就没什么用了。"

除了是服装店店主，刘薇还是一位 6 岁孩子的妈妈，比较看重城市的基础设施建设及公共服务的完善程度，"北京的教育质量更好，我想让孩子接受好一点的教育。而且很多东西北京有，家乡没有，孩子从小见得多了，眼界也就开阔些"。

[①] 孙方慧. 新生代农民工择业观变了 [N]. 工人日报，2019-12-05 (7).

不仅就业，新生代农民工还敢于创业，以创业带动就业，尝试从事新职业、新业态，这也反映了新生代农民工就业观念的变迁。

四、权利意识和职业发展方面

新生代农民工渴望融入城市生活，就业过程中主体意识和权利意识比老一代农民工更强。他们在选择工作的时候更加注重自己的人身安全，不愿意接受工作环境危险、劳动强度太大的工作。他们关注自身权利，懂得用法律维护自己在工作中的合法权益。面对不公平待遇，他们中的多数人不会像老一代农民工那样忍气吞声，而是努力维护自己的合法权益，追求平等的待遇。新生代农民工比较重视精神文化方面的需求，企业文化也是他们求职时的参考因素。另外，与老一代农民工相比，新生代农民工更加注重知识、技能方面的培养，对知识、技能和发展机会更加渴求。英国社会学家安东尼指出："'生存'不可能与我们的思想自始至终毫无关联，因为对尚不确定的未来而言，在这个世界上如何生存是一个真实而又无法回避的问题。"[①] 新生代农民工既考虑当下的生存与生活的需求，同时着眼未来，期望通过丰富的知识和较高的技能帮助他们赢得一个好前途。现代社会产业转型升级的背景下，技能型工人成为社会的需要，这也是新生代农民工注重提高自身技能的重要原因之一。

案例：产业转型"倒逼"手艺升级[②]

许多人对农民工的印象还停留在工厂流水线的操作员，实际上，

---

① 安东尼·吉登斯. 现代性的后果 [M]. 田禾, 译. 南京：译林出版社, 2011：128.
② 李婕. 新生代农民工择业变了 [J]. 人民日报（海外版），2019-10-29（11）.

他们中的不少人已是在"生产车间组装奔驰、宝马的现代工人"。

在富士康、北汽、中铁工盾构机组装、海尔智能空调、大连光洋数控机床等企业的一线生产操作中，70%以上的员工是来自职业技术院校的农民工；在东方汽轮机精焊大师工作室，60%的技师也是新生代农民工。调查数据显示，先进制造业是规模化吸纳农民工技工的主阵地。

在建筑行业，以构件预制化生产、装配式施工为主的新型建筑业，也在拓展新生代农民工进入技能型现代产业工人的渠道。调查显示，2018年，中国建筑业从业人数5563万人，80%是农民工。其中中建、中铁建、中铁工、中电建、中交建五大建筑央企吸纳农民工约400万人。在赴海外施工的建筑业农民工中，技工、技师约80万人，占赴海外农民工的80%以上。

产业升级推动着新生代农民工朝技能化方向转型。中国劳动学会会长杨志明指出，农民工正面临着由原来总量不断扩大的人力资源优势，向技能素质不断提升的人力资本优势转变的过程。2002年到2012年，在经济快速扩张的这10年中，农民工大量进城的外溢和城市大量用工的内需交错，大批农民工来不及学习技能就被吸纳到中低端岗位，但这种状况已经成为过去。2013年以来，经济增速放缓，产业结构从低端加速转向中高端，新生代农民工也亟须提升技能来适应岗位需求。

案例：从"卖苦力"向"卖技术"转变①

2015年2月17日，贵州省黄平县上塘镇碗厂村苗族青年田维堂告诉记者，来年他准备换工作。春节后，他将去深圳的另一家小型电子企业上班，不再做工人，而是转型做管理人员。

今年27岁的田维堂已从深圳富士康的一名流水线工人成长为品检工程师。"现在的收入和地位都比较稳定，跳槽可能有很大的风险，但我想逼自己闯一下，再不改变就老了！"田维堂说。

从工人到技术人员，实现第一步转型。去新的公司当中层管理者，实现第二步转型——田维堂的规划很清晰。"我没有高学历，但有丰富的实践经验，有些方面并不比大学生差。"田维堂说。目前，很多农民工在从"卖苦力"向"卖技术"，甚至向"卖智力"转变。

田维堂说，当初因贫困被迫辍学打工，出来后才深刻体会到，知识和技能才是改变命运、改变人生的金钥匙。"我希望社会创办更多职业学校，让农民工学了技术再出门。另外，现在网络教育发展很快，能不能有针对农民工再教育的培训机制和认证制度，让他们能通过自学提升学历？"他问记者。

在深圳一家电子厂打工的贵州籍农民工王昌平，打算过完年就换一个城市，到北京一家装饰企业做零工。他同样认为，最紧迫的事就是扎扎实实学一门技术。"要是有一家专门针对农民工创业的培训班就好了，我会天天抽时间去学习。"

"之前我每天机械地重复一个动作几千次，技术含量不高。"王

---

① 甘皙，李丰，邹倜然．"远行"还是"燕归"：返乡新生代农民工的羊年憧憬［N］．工人日报，2015-02-20（2）.

昌平想趁着年轻学点东西，梦想着能创办一家自己的企业。

以上两则案例都表明，随着时代的发展，与老一代农民工相比，新生代农民工对技能的需求更加迫切，而不是单纯依赖体力，他们希望不断提升技能，其就业观念正发生变迁。

以上主要从乡土观念和就业观念，阐述了新生代农民工的观念变迁。不仅是乡土观念和就业观念，新生代农民工的消费观念和婚恋观念也正发生变迁，这是第二章的讨论内容。

第二章　新生代农民工的消费观念和婚恋观念变迁

新生代农民工的观念变迁，体现在多个方面。第一章主要阐述了新生代农民工乡土观念和就业观念的变迁，本章主要从消费观念、婚恋观念方面，继续阐述新生代农民工的观念变迁。

第一节　新生代农民工的消费观念变迁

消费观念是指人们在进行消费或准备消费时，对消费对象、消费行为方式、消费过程、消费趋势的总体认识评价与价值判断。传统农民是勤劳的，"锄禾日当午，汗滴禾下土""面朝黄土背朝天"都是对他们勤劳一面的生动描述；传统农民又是节俭的，他们一生省吃俭用、精打细算，"一分钱恨不得掰成两半花"。老一代农民工曾经经历过艰苦的岁月，与农村也保持较多的联系，他们基本继承了传统农民崇尚节俭的消费传统。外出打工之时，他们用编织袋装上破旧的被褥和简单的衣物上路,这些物品伴随着他们打工的整个历程。来到城市后,他们省吃俭用,把工资的绝大部分寄回家,所用的物品不求质量和档次,能用就行;所穿的衣服不求崭新和流行,能穿就好。临近春节,他们怀着急切的心情踏上回家的路,虽风尘仆仆,脸上却洋溢着笑容。他们携带着大包小包,包里装的是舍不得扔掉的破旧衣物和用具,以及为家里的亲人购买的廉价衣服和小礼物。

新生代农民工出生于20世纪80年代之后,没有经受过父辈们生活的艰难,他们沐浴着改革开放的春风成长。城市人生活方式的行为示范,消费主义的影响,无处不在的物质诱惑,不断地刺激着他们的消费欲望。新生代农民工的消费观念受到城市消费观念潜移默化的影响,发生变迁。他们的消费行为既受到农村传统消费观念的影响,又受到城市居民消费的吸引[1],呈现出农村与城市特征并存的二元化状态。他们的消费行为明显区别于老一代农民工,形成了具有"新生代农民工"印记的独特消费模式。[2]

一、从消费目的看

老一代农民工的消费属于生存性消费,消费主要是为了维持基本的生存,他们奉行节约,反对铺张浪费,更反对奢侈消费。相比老一代农民工,新生代农民工文化水平较高,他们大多接受过初中

---

[1] 金晓彤,杨潇.新生代农民工与同龄城市青年发展型消费的比较分析[J].中国农村经济,2016(2):13-22.

[2] 黄敦平,方建.安徽籍新生代农民工消费行为分析[J].西南科技大学学报(哲学社会科学版),2020(3):42-46.

教育，少部分人高中毕业，有的人甚至读过大专，融入城市的意愿强烈，其消费目的不再满足于解决生存问题，还较为关注生活质量，并兼顾个人发展需求。新生代农民工节俭意识相对较弱，认为钱不是靠节省而存下来的，部分人敢于消费，奉行该花就花的消费观。

案例：敢于消费的新生代农民工[①]

1994年出生的倪俊君来自四川农村，这是他来昆明打工的第四个年头。记者看到他时，他正在摆弄自己的iPhone5S。他告诉记者，网购、上网聊天是他和同事们的主要业余生活。如果有条件，他还考虑在网上买个笔记本电脑，甚至买台二手车。

事实上，和倪俊君年龄相仿的新生代农民工已经逐渐成为农民工队伍的主体。他们进城赚钱的主要目的不再是寄钱回家，在消费上也不再是能省则省。他们不但希望在城市中挣钱，还希望能融入城市。

"你这个包挺好看的，什么牌子的？""你知道哪儿的西餐好吃呢？""你去度假了！哪儿好玩呀？"采访过程中，这是最常见的新生代农民工间的对话，他们一般会很向往地接着说一句"有机会我也去看看"。他们抓住一切机会了解城市的生活和消费，希望能迅速融入进去。

"我来自农村，但我的消费观念和父辈有很大区别，现在网购是主流的购物方式，进城打工的主要目的是希望能够融入城市。"昆明市美团外卖骑手蔡忠说。

---

① 黄榆.购物车的背后，藏着生活愿景[N].工人日报，2019-10-24（7）.

受教育水平的差异以及社会大环境的变化，新生代农民工的发展趋势已不同于他们的父辈。在工作上，他们更加注重发展空间，在建筑、运输等工作条件差、体力劳动强度大的行业中就业人数明显减少；在生活中，他们更容易接受现代的生活观念，更乐于享受城市的生活方式，也更愿意尝试各种新产品。

此外，新生代打工者的父母大都正值壮年，他们较少或没有家庭负担，因此，在消费时更为随意自由，不再像父辈那样一味积累积蓄。

安保员郑君珺告诉记者，自己的父母刚40岁出头，他们还经常问他钱够不够花，根本不需要用子女的钱养家。"在城里赚钱，回农村消费早已过时了。如果只挣钱而不消费，就白在城市奋斗一场了。"郑君珺说。

以上案例，反映了新生代农民工与老一代农民工不同的消费观，也体现了市民化进程中新生代农民工消费观念的变迁。

二、从消费结构和消费支出看

新生代农民工的消费不像老一代农民工那样仅局限于普通食物和衣服这些关乎温饱的东西，而是有着更多追求。穿衣打扮方面，很多新生代农民工认为，良好的外在形象对于他们的就业和人际交往很重要，因而他们注重外表的装扮，一些年轻女性新生代农民工不惜购买价格不菲的衣服，甚至进行美容；一些男性新生代农民工穿着流行的服装，甚至不惜花费几百元做个发型，只为显得更加帅气。住宿方面，部分新生代农民工宁愿放弃企业统一安排的拥挤的集体宿舍,而是花费一笔数目不菲的金钱和同事或老乡一起租房居住,只为生活得更舒服。如果有可能,他们甚至愿意动用自己和家庭的全部积蓄,再加上借款,在城市贷款买房。日常生活方面,新生代农民工舍得花费。一项调研显示,有97.8%的新生代农民工拥有手机,27.8%的新生代农民工拥有笔记本电脑。① 文化娱乐方面,老一代农民工开支极少,他们在城市的精神文化生活极为贫乏,工作、吃饭、睡觉几乎就是他们在城市的全部生活,最多是在下班或者下雨天不能工作的时候和老乡一起打牌来消磨时光。新生代农民工则不同,文化娱乐成为他们日常生活的一部分,他们中的很多人会上网聊天,到电影院看电影,去KTV唱歌。圣诞节和情人节这些西方节日到来的时候,他们也像城市年轻人一样庆祝,或者给喜欢的人送礼物。在新生代农民工群体中,特别是其中的"00后"农民工,花几千元买部中高端智能手机的大有人在,外出打车、在外就餐在一些新生代农民工身上也属平常现象。至于消费所看重的因素,一般而言,老一代农民工购物时更看重价格和商品的耐用性,新生代农民工消费时更关心的是商品的质量和价格,同时对外观和品牌也有一定的要求。

从消费支出数额看。有研究表明,收入稳定性和财富水平对农民工家庭的城乡消费结构有显著影响。② 收入是新生代农民工消费支出的风向标,新生代农民工的可支配收入对其消费观有明显影响。

---

① 赵蓉,王振亚. 公平正义下的新生代农民工文化权益保障浅论[J]. 兰州学刊,2013(5):147-150.
② 孟令燕. 我国农民工消费结构特征及其驱动因素研究[J]. 商业经济研究,2021(7):70-73.

新生代农民工月均消费支出占月收入的比重显著高于老一代农民工。有的新生代农民工每月消费的金额占月收入的比例相对较高,高消费问题突出,并呈现出物质化、时尚化、符号化、超前化、利己化等群体性消费特征①,甚至出现"炫耀性消费"②和过度消费现象。

案例:一位女性新生代农民工的消费支出③

今年24岁的冯圆媛是商城服装导购员,每月工资底薪加提成,一般能拿到4500元左右。

冯圆媛给记者算了一笔账:现在每个月房租500元,水电费等和几个室友分摊一下,每个月大概200元,剩下的就是用来吃、穿、娱乐了。身边的同事、朋友都比较年轻,喜欢聚在一起吃一顿。下班后偶尔也会聚在一起去K个歌,放松一下身心。

每天的上班时间从早上9点到晚上9点,每个星期只有一个休息日,时间还不固定,这让冯圆媛很难和朋友在休息日凑到一起出去逛街、游玩。"前几天,好不容易凑到几个朋友能在同一天休息,我们去翠湖划船了。我来昆明都3年了,还是第一次去划船呢。"冯圆媛说道。

因此,网络购物对于像冯圆媛这样少有时间逛街的打工者来说,是再合适不过的选择,"下班以后,我经常逛淘宝买东西。我看过自己支付宝的账单记录,几乎每个月都要在淘宝上花掉1000多元,其中购物车里最多的就是化妆品、服饰、零食,几乎占工资的1/4了。"

---

① 陆爱勇. 新生代农民工高消费的伦理审视 [J]. 伦理学研究, 2019 (4): 135-140.
② 汪丽萍. 融入社会视角下的新生代农民工消费行为:市民化消费和炫耀性消费 [J]. 农村经济, 2013 (6): 126-129.
③ 黄榆. 购物车的背后, 藏着生活愿景 [N]. 工人日报, 2019-10-24 (7).

分析起自己的消费状况，冯圆媛认为，父母目前尚不需要自己贴补家用，还未结婚的她也没有抚养下一代的压力，只需管好自己，没有过多的生活负担让她在工资花费上能"任性"一点儿。而对于攒钱，冯圆媛也有自己的想法："我每月最多能攒1000元，工作了4年也只存了不到5万元，还不如享受现在，活在当下。"

月收入4500元左右，每月最多能攒1000元，以上案例反映了部分新生农民工日常生活中花销较大的现实。

三、从消费方式看

消费方式是指消费者消费时所采取的方法、途径和形式。老一代农民工的消费方式偏向传统，倾向实体消费、现金消费等。新生代农民工长期生活在城市，消费方式逐渐向市民靠拢，在衣、食、住、行、休闲、娱乐等方面，不断学习和模仿市民，消费方式发生了一定变化。新生代农民工消费方式不再局限于传统的、单一的实体消费，网购日益成为他们消费的重要方式。经过调查发现，新生代农民工总是网购的比例占14.77%，经常网购的比例占34.09%，有时网购的比例占43.18%，很少网购的比例占5.68%，从不网购的占2.27%。总是网购和经常网购的占比为48.86%，有时网购的占比为43.18%，很少网购和从不网购的占比低于10%，这反映了网购已成为新生代农民工较为流行的消费方式。

案例：网贷消费让新生代农民工"爱恨交织"[①]

每天坐地铁回家时，小安经常能在地铁通道看到网贷平台打出的灯箱广告，作为曾经的网络借贷消费者，她对网贷产品铺天盖地的花式广告的情感更为复杂。

小安使用网贷的最大一笔开销是交学费。早年家庭贫困的小安在安徽农村读完初中后便结束学业，于2014年和同乡前往上海打工。做过服饰厂制衣工人、餐馆服务员、超市售货员等工作的她，深刻体会到"学历这个敲门砖是多么重要"，急切地想要提升自己的学历。

不满足于现状的小安想要突破自身学历的天花板，却不知道从何下手。"当时身边的很多朋友认为我是异想天开，但也有人很支持我。"一次偶然的机会，小安在上网时看到提升学历的弹窗广告，"通过学习，毕业后可以拿到大专学历"，这让她动了心。

2018年秋季学期之前，小安使用分期付款平台一次性付清1.6万元的报名费，拿到了机构发放的学习教材，也感到了每月还贷的压力。但小安认为，"大专毕业后还可以再申报成人本科，这让我觉得这些报名费都是值得的，日后可以挣回来"。

没有攒下多余的钱，也是小安选择网贷的主要原因。尽管已经在上海务工4年，但一下掏出1.6万元的学费仍让小安犯难。"在没有负债之前，每个月要寄一半的工资给父母用来盖房子、治病，以及支付弟弟的学费和生活费。剩下的工资则用来支付在上海的房租、化妆品以及请朋友吃饭等费用。"小安表示自己早已成为

[①] 刘小燕. 网贷消费让新生代农民工"爱恨交织"[N]. 工人日报，2020-11-06 (5).

"月光族"。

"很多网贷平台我都使用过,每期的本金加利息在最后会变成大额数字,即便把工资掏空也供不起,只能通过多个平台以贷还贷。"小安说。

"有钱省着花,没钱就不花",曾是老一代农民工信奉的消费观,网贷消费对他们来说是难以想象的。但以上案例表明,网贷消费对新生代农民工已产生较大影响。有的新生代农民工面对网贷消费不理性,甚至入不敷出,这也体现了新生代农民工消费观念的变迁。

在支付工具方面,相比于老一代农民工,新生代农民工消费方式多样化且更为现代化。老一代农民工只是在城市打工挣钱,主要消费还是在农村,他们倾向面对面花钱消费,即使用现金消费。新生代农民工逐渐融入城市,在消费支付工具的使用上也不再局限于传统的现金支付形式,网银、信用卡、自助缴费终端、手机银行及刷卡消费等支付形式日渐增多[1],部分新生代农民工使用网络借贷平台进行消费,这也反映了新生代农民工消费观念的变迁。

案例:一个二线城市新生代农民工消费的四个样本[2]
每月近千元用于网购

人物代表:小李(女,1994年出生,来自河南,美容师)

"这是我刚网购的发卡和裙子,漂亮吧,最重要的是物有所值,发卡5元,裙子20元。"小李向记者介绍道,爱上网购和她的工作

---

[1] 严翅君.长三角城市农民工消费方式的转型:对长三角江苏八城市农民工消费的调查研究[J].江苏社会科学,2007(3):224-230.
[2] 任国省.新生代农民工,通过消费融入城市?[N].燕赵都市报,2013-07-04(17).

也有很大关系,"每月休息两天,每天从早上8点一直忙到晚上9点,下班后,商场超市都关门了。"小李无奈地说,而她正处于爱美的年龄,网购自然成了不二选择。除了小李,她的同事们也都热衷于网购,"冬天大家一起网购围巾、羽绒服,夏天大家一起网购凉席、裙子、包等。遇到好东西,大家都人手一份,就像店里统一配置的一样"。小李每个月有2600多元的收入,店里管吃管住,条件一般,但省了一大笔开支。"我每个月最大的开支就是网购,零食、日常用品、服装鞋帽等,基本上都从网上买,每个月差不多有近千元花在网购上。除了给自己买东西,有时也会给家人买。"小李说。

手机一定要用最好的

人物代表:小吴(男,1991年出生,来自邢台,餐厅服务员)

"我这个iPhone4S能不能帮我卖了,我想换个iPhone5。"记者见到小吴时,他正在给卖手机的老乡打电话。其实,他的iPhone4S买了还不到一年。"其他可以凑合点儿,但手机一定要用最好的。"小吴说,上学时,他就疯狂地喜欢这些电子产品,现在自己挣钱了,只要有能力,他就希望能拥有自己喜欢的电子产品。iPhone4S是他省吃俭用攒了两个多月的钱才买下来的,但他觉得很值。"我的大部分收入好像主要用于更换手机和每月的话费上面了。"小吴说,不只是他,周围的同事或同乡,大家手里拿的基本上都是智能手机。"上网、聊天、玩游戏、网购都方便,可以打发很多无聊的时间。"他笑笑说。

努力攒钱买房子

人物代表:小刚(男,1983年出生,来自沧州,菜市场摊贩)

"刚看上一套二手房，价格、户型、楼层都挺合适的，但是房主一时半会儿不能把户口迁走，你说这样有风险吗？"记者是小刚蔬菜摊的常客。每次见到小刚，他都会向记者咨询有关买卖二手房的问题，也不时见房产中介的工作人员在摊前见缝插针地给他介绍二手房的信息。

事实上，这两年来，小刚一直在为房子而纠结。10年来，小刚和妻子在菜市场经营蔬菜生意，看着菜市场上和他年龄相仿的"80后"小夫妻们都在省会买了房，他也想在这里有一席之地，"说实话，回老家也没什么出路，地里活儿干不了，也没有一技之长，而且已经不能适应老家的环境了。"于是，几年来，夫妻两个省吃俭用，就为了早日买上属于自己的房子。"我们几乎不在外面吃饭，一件衣服也不超过150元。"小刚说。他现在相中的这套房子是1998年建成的，4楼，80平方米，73万。"这个价位还能接受。"小刚不好意思地笑笑，随后他又解释道，这些钱不光是自己的，还有向亲戚朋友借的。"只要买了房，就没什么负担了，以后的重点就是孩子的教育问题了。"小刚说。

我的消费和城里人没什么两样

人物代表：小超（男，1988年出生，来自福建，发型师）

小超穿着时尚、体面。单从外表看，你很难把他和农民工联系在一起。"不好意思，昨天晚上唱歌唱到夜里3点多，今天整个人都没什么精神。"他不好意思地笑道。随后，他又解释道，他并不经常出去唱歌，昨天有朋友过生日，大家才一起吃饭唱歌。"倒不是因为怕花钱，而是白天工作太累。"小刚说，平时店里不忙时，大家隔三岔五地就会出去吃顿饭,唱唱歌。"都是 AA 制,每个人花不了多少钱,但是大家在一起很快乐。"说起新生代农民工这个称呼,小超有些反感,"我的消费和城里人没什么两样,我也会去吃肯德基、必胜客,也会带女朋友看电影、旅游,唯一不同的是我没有城市户口。"小超告诉记者,上个月他刚带着女朋友和未来丈母娘去北京玩了3天,"门票、宾馆都是网购的,总共花费了1000多元,未来丈母娘很满意。"小超自豪地说。这个夏天,他还打算带女朋友去趟张北音乐节,"去年有两个同事去了,说还不错,今年我们也想去看看。"

以上是二线城市新生代农民工消费的四个样本,从不同角度反映了新生代农民工消费观念发生的变迁。

第二节 新生代农民工的婚恋观念变迁

婚恋观是人们对于婚姻和恋爱的基本看法和态度。婚恋观是人生观的重要组成部分,对青年的择偶行为、婚姻生活起着导向作用,关涉人的发展和幸福。老一代农民工的婚恋观偏传统,但对新生代农民工群体而言,由于时代的变化以及快节奏、多元化的城市生活的影响,他们的婚恋观正发生某些变迁。

一、择偶标准和考量因素方面

老一代农民工选择伴侣主要从个人情况和家庭实际出发,注重"物质条件""门当户对",择偶主要看对方家庭条件是否与自身匹配，感情并不是第一位的，某些年龄较大的老一代农民工甚至是先结婚再谈感情。整体来看，新生代农民工择偶标准既不同于老一代农民工，也不完全符合现代型择偶标准，而是介于传统到现代之间。当前，新生代农民工择偶标准中的传统观念逐渐削弱，现代观念逐渐增强，择偶标准趋于多元化。受社会发展和自身价值观的影响，新生代农民工择偶时既考虑现实物质条件也考虑感情，还会考虑对方的性格、潜力才能、三观、兴趣爱好等因素。笔者调查时询问新生代农民工："你觉得两个人在一起最重要的是什么，感情还是物质条件？"有的新生代农民工明确指出，感情更重要。如访谈对象9认为："两个人在一起最重要的是感情。"访谈对象12也认为："两个人在一起最重要的是感情，有了感情后，其他什么都不是问题。"访谈对象13谈道："我认为两个人在一起最重要的是感情，有了感情两个人可以一起努力奋斗追求更好的物质生活。"新一代农民工更加重视感情，这是一种以爱情为导向的现代型择偶标准。①

对方所在地域不再是新生代农民工婚恋考虑的重要因素。老一代农民工择偶范围主要局限于本地，已婚的老一代农民工的配偶基本上也是来自本地。新生代农民工择偶范围明显扩大，已跳出老一代农民工"同乡"范围，婚姻圈突破了地缘限制，由本地延伸到外地。从意愿上看，访谈结果显示，多数新生代农民工愿意把异地对象纳入自己的择偶范围。如访谈对象26指出："我没结婚，可以接受一个外地的对象。"访谈对象31认为："至于对象是哪个地方的倒无所谓，我能接受外地的人。"对新生代农民工而言，只要双方情投

---

① 许传新. 新生代农民工择偶标准及影响因素分析 [J]. 南方人口，2013（3）：26-37.

意合，地域不是问题，"一切皆有可能"。从现实情况看，不少男性新生代农民工与"打工妹"之间的相互吸引与结合是跨地区、跨越习俗差异的。现在，男性新生代农民工娶外地"打工妹"不稀奇，"打工妹"嫁给"城里郎"也不鲜见。

以上表明，新生代农民工婚恋观呈现出现代特征，尽管如此，新生代农民工婚恋观念还没有完全脱离传统择偶观念的束缚。新生代农民工虽然在城市谋生，但多数还没有成为真正的城市人，因此，尽管其择偶观念趋向于现代型择偶标准，但仍旧带有传统色彩。新生代农民工择偶标准处于传统到现代的过渡阶段，他们身上带有传统与现代双重择偶标准，但传统一面逐渐减弱，现代性逐渐增强。

二、婚恋方式方面

"择偶方式是指两性通过什么途径或方式从不认识到认识、从陌生到熟悉、从相恋走向婚姻的过程。"[①] 在传统观念中，"父母之命""媒妁之言"是适婚青年婚恋的重要准则，适婚男女通过父母之命或媒人牵线结成连理。这种通过第三者充当中间人角色所形成的乡村传统一定程度上成为老一代农民工的主要选择。

随着社会发展，人们的生活发生了翻天覆地的变化。新生代农民工从踏入城市的那一刻起，他们的思想观念就开始了从传统到现代的改变。个人独立、视野开阔使新生代农民工开始尝试不同的婚恋方式，婚恋方式多样化。

调查显示，很多新生代农民工已告别老一代农民工单一化婚恋

---

① 黄庭希，郑涌. 当代中国青年价值观研究 [M]. 北京：人民教育出版社，2005：221.

方式，脱离传统媒介婚姻，转向选择现代方式寻觅另一半。例如，通过网络交友平台或其他现代交友方式寻找自己的伴侣。很多新生代农民工通过QQ、微信等网络方式，寻找心仪的女孩。

现代化的婚恋方式在新生代农民工群体中成为一种新时尚，更有甚者在短暂相识后便携手步入婚姻的殿堂，即为"闪婚"。"闪婚"是指两人在短暂的相识后，并没有经过一定时间的交往和相互了解就确立的婚姻关系。① 这种闪电式、快餐式的婚恋模式在新生代农民工群体中已成为一种不可忽视的现象。"闪婚"是经济社会迅速发展的产物，也是新生代农民工婚恋观念变迁的表现。

不仅是"闪婚"，"爱情快餐"在新生代农民工群体中也在崛起。所谓"爱情快餐"，是指以新生代农民工的自由恋爱为主体实践，在自主权和自由权的演绎下，爱情挣脱了传统规范的束缚，发展出了恋爱技能与恋爱套路，成为标准化"产品"。②

三、婚恋态度方面

老一代农民工多信奉传统的婚恋观，对待婚姻比较慎重，希望"执子之手，与子偕老"，轻易不言离婚，有时为了孩子宁愿委曲求全也不愿离婚。新生代农民工对待婚姻是感性和理性交织，比较务实，感情炽热时可以"闪婚"，但一旦认为感情殆尽、没法继续生活在一起时会选择离婚，而不是将就。2016年7月，半月谈网曾报道这样一则案例。

---

① 毕红微. 新生代农民工的婚恋观研究 [D]. 武汉：华中农业大学，2014.
② 宋丽娜. 流水线上的爱情快餐：以在富士康郑州厂区的调研为例 [J]. 中国青年研究，2019（7）：78-83，43.

案例：过不下去就离：谁偷走了新生代农民工的婚姻[①]

今年初春，面庞清瘦的农民李须来到河南省宁陵县法院，递上民事诉状，希望通过起诉离婚的方式，让法官帮自己劝回远在杭州的媳妇，一起好好过日子。

时光回到 2011 年 1 月，25 岁的李须经媒人介绍，认识了比自己大 2 岁的张燕。那时，离过婚的张燕带着 1 岁多的女儿欣欣过日子。两人第一次见面，感觉还不错，不到 20 天就办了婚事，共同生活。

2013 年，张燕外出打工，欣欣由李须的父母帮助照顾。张燕在外出打工的过程中，接触的人越来越多，视野开始拓宽，渐渐嫌弃老家农村的生活，跟挣不了大钱的李须也起了嫌隙。

2015 年正月初六，张燕不辞而别，从此任凭丈夫如何劝说，甚至带着欣欣找到杭州，她也无意回头。最后，张燕偷偷从丈夫家拉走全部嫁妆，带走女儿。李须的婚姻名存实亡。

"如果她能回来，你还能和她共同生活吗？"法官问。

"如果她能回来，我们再生个孩子，我就不离婚了。"李须弱弱地表示。

事与愿违。经法院通知，从杭州赶回来的张燕态度坚决："我这次回来就是专门办离婚的。"她衣着华丽，打扮入时，一切的一切，与李须看起来格格不入。

在法院调解无效的情况下，今年 3 月 22 日，这对半路夫妻又半路分手。

[①] 李丽静. 过不下去就离：谁偷走了新生代农民工的婚姻 [R/OL]. （2016-07-07）[2022-06-02]. http://www.banyuetan.org/chcontent/jrt/201674/202297.shtml.

在我们的调查中，有的新生代农民工也表示，婚姻不将就，一个人的独身好过两个人的压抑。这也反映了新生代农民工对待婚姻比较务实，不委曲求全，不为了结婚而结婚的观念。

调查还发现，经历过城市大环境洗涤的新生代农民工对待婚恋的态度较为包容。譬如，在老一代农民工的心目中，婚前同居、未婚先孕以及不婚等都是不被传统伦理道德所接受的，但是根据访谈结果来看，对于这些现象，一些新生代农民工能够理解和接受。调查中，访谈对象28和29的观点具有代表性。

访谈对象28：首先对于这三种形式，我都是表示理解的。婚前同居我觉得没啥好说的，大家做这些决定时也一定有自己的想法，为了更加了解对方也好，为了提前体验婚后生活也好，都是一个自由的选择。而未婚先孕和不婚族，身边也有现成的例子，甚至关系还都挺好。现在这个社会真的是一个高度开放和包容的社会，只要在享受自己的权利时并做好如何承担相应后果的准备，我觉得都是值得尊重的。包括我以后的孩子如果有这些想法，甚至有一天他跟我说他是同性恋，我也表示理解和尊重。

访谈对象29：对于婚前同居行为，某种程度上，我反而是支持的，因为"实习期"过了才能"转正"嘛。如果"实习期"都不开心，那就直接断了呗。省得把好奇和幻想积累到婚后，然后又失望，又离婚，反而不好。当然，不以爱情为前提、不以婚姻为目的的同居不在讨论之列。未婚先孕反正我是不赞同，未婚先孕会让对方家长看轻自己，会让人家认为自己是个随便的女生，对你的印象不好，有的家长还不允许办婚礼，最后只能草草地领证结婚，真是一辈子的遗憾啊。万一男方不同意跟女方结婚，最后伤害的还是女方啊！我对于不婚族没有什么看法，因为我觉得这都是个人选择问题。有的人选择婚姻，有的人选择不结婚，这都是非常正常的。我们不能因为有人选择结婚，而对那些不婚族抱有歧视的态度。

在恋爱态度方面，新生代农民工主体性增强，能主动寻找自己的幸福。遇到合适的异性时，他们会主动"出击"，大胆表白。在恋爱过程中，他们也愿意将自己的恋情公开。①

以上都表明，新生代农民工的婚恋观念正发生变迁。

---

① 黄进．价值冲突与精神皈依：社会转型期新生代农民工价值观研究［M］．南京：南京师范大学出版社，2010：212．

第三章 新生代农民工观念变迁的特点及原因分析

前面两章,主要从乡土观念、消费观念、就业观念、婚恋观念四个层面阐述新生代农民工的观念变迁。分析市民化进程中新生代农民工的观念变迁,可以看出其具有鲜明的特点。本章主要总结概括新生代农民工观念变迁的特点,并基于文化接触理论视角和功利主义的影响,剖析新生代农民工观念变迁的原因。

第一节 新生代农民工观念变迁的特点

笔者认为,新生代农民工的观念变迁呈现出四大特点:继承与发展相统一、传统与现代交织、积极方面与消极方面混杂、矛盾性与差异性互现。

一、继承与发展相统一

观念的东西属于意识范畴，社会存在决定社会意识，由于社会不断发展变化，不同时期人的生产方式和生活方式发生变迁，人的观念必然也发生变化。因此，我们不能脱离现实和社会实践去考察人的认识的变化和观念的变迁。农民工的观念变迁是一个伴随着农民工的城市融入和市民化进程渐进的过程。随着社会的发展、生产方式和生活方式的变化，农民工的观念也在不断变化，呈现出时代性特点。与老一代农民工所处的环境和生活条件不同，新生代农民工的物质生活较为丰富，政策环境较好，这使得新生代农民工的观念发生变迁。新生代农民工的观念变迁，不是与老一代农民工观念进行对立和割裂，而是一方面继承了老一代农民工的某些观念，另一方面又有了新的发展。

譬如，新生代农民工就业观念的变迁。市民化进程中，新生代农民工的就业观念变迁就呈现出继承性和发展性相统一的特点。

第一，从就业目的看。通俗来讲，老一代农民工外出就业是为了"挣钱养家"，寻求物质满足，让自己和家人过上更好的生活，这是他们外出打工的最终目标。新生代农民工外出务工不仅仅是为了挣钱，更是为了实现自我发展。但是，他们的这一"发展"，是建立在充足的物质基础之上的，是在物质生活得到满足之后，再去寻求精神生活的满足和自我价值的实现。总的来说，新生代农民工外出就业的目的是在继承老一代农民工物质满足的基础上，去寻求更高层次的满足，从而实现美好生活的目标。

第二，从外出就业地点选择看。就业地点的选择具有显著的继承性。长三角、珠三角等经济发达地区是老一代农民工外出就业选择的主要区域，也是新生代农民工外出就业选择的主要区域。新生代农民工之所以选择这些地区，一方面是因为这些地方的经济社会发展能为他们提供充足的可供选择的就业岗位；另一方面是因为这些地区一直是农民工的聚集地，新生代农民工可以依靠乡缘和血缘关系找到工作。

第三，从就业途径看。在就业途径的选择上，老一代农民工主要依赖亲朋好友带领。新生代农民工也偏好亲朋好友带领，但部分新生代农民工也利用网络求职。这说明，在就业途径方面，新生代农民工既继承了老一代农民工的就业途径，又不拘泥于传统途径。随着时代的发展与互联网的兴起，新生代农民工在就业方面有了更加丰富的渠道。

第四，从就业期望值看。与老一代农民工相比，新生代农民工就业期望值明显提高。老一代农民工进城务工的目的很单纯，仅仅是为了"赚钱养家"，也就是为了满足自己以及整个家庭的生存需要。在工作中，他们更多关注的是工资报酬，对于自身权利、工作环境、职业发展空间等方面并没有太强的意识和太高的期望。新生代农民工则不同。新生代农民工外出打工不仅仅是为了生存，还想要留在城市，获得更好的发展。与老一代农民工相比，新生代农民工的文化水平相对较高，部分新生代农民工拥有较为清晰的职业规划。他们在求职过程中，工资待遇是基础，除此之外，他们还会考虑公司的发展前景和职位上升空间。提高自身技能、行使自身权利、实现更好的发展是他们更高的要求，为此，部分新生代农民工选择通过提升学历、参加职业技能培训等方式提高自己。

第五，从权益诉求看。与老一代农民工相比，新生代农民工对劳动权益的诉求更高。老一代农民工外出打工的目的很简单，就是为了挣钱，他们主要的诉求就是能够按时获得相应的报酬，职业健康和社会保障等权益并不是他们最关心的。新生代农民工则不同，他们对劳动权益有了更高层次的要求。他们在选择职业时不仅看重"硬件"，即工资的多少；还关注"软件"，也就是工作和居住环境的舒适度、福利待遇的多少、企业文化的好坏、权利保障程度高低以及工作发展空间的大小等。

以上重点以新生代农民工就业观念的变迁为例，剖析在市民化进程中，新生代农民工观念变迁呈现出的继承性和发展性相统一的特点。不仅是就业观念的变迁，新生代农民工消费观念、婚恋观念的变迁同样呈现出这一特点。如前所述，老一代农民工曾经经历过艰苦的岁月，基本上继承了传统农民崇尚节俭的传统；而新生代农民工的消费观念既受到农村传统消费观念的影响，体现出传承性一面，同时又受到城市居民消费的吸引和消费主义的影响，在消费结构、消费数额、消费方式等方面发生变迁，呈现出与老一代农民工消费观不同的方面，如敢于消费、超前消费、网络消费等。新生代农民工婚恋观念的变迁同样如此。无论是择偶标准、婚恋方式还是对待婚恋的态度，新生代农民工并未与传统婚恋观完全决裂，而是继承了传统婚恋观的某些方面，同时又有了新的发展，如婚恋方式更为多样化，对待婚恋的态度更为积极、包容等。

二、传统和现代交织

传统与现代并不是截然对立、互相排斥的关系,"现代性既有与传统性相延续的一面,也有其自身突生性的一面"。[①] 社会的发展、生产和生活方式的嬗变深刻影响着人们的思想观念。新生代农民工一般初中毕业后外出打工,部分是高中毕业后出去打工。他们离开农村,进入城市,从传统的农业生产转向工业生产或从事服务业工作,这不仅是地理空间的位移、工作内容的改变,也是思想观念、行为方式等方面的转型与变迁。城市经历对于现代性的增强有较大的影响,新生代农民工身处一个价值观多样且观念相对开放的城市环境中,受到城市人思想观念、生活方式的影响,在体验现代城市生活方式的同时接受现代思想观念和行为方式,逐步构建自己的价值观念和思想认知。整体来看,新生代农民工的观念变迁趋向现代,现代意识增强,但并未完全抛弃传统性,他们在积极吸收城市现代观念的同时也保留了部分传统观念,从而呈现出传统和现代交织的特征。

以新生代农民工消费观念的变迁为例。老一代农民工生于农村,成长于农村,植根于农村,他们秉承着传统的消费模式,其消费行为、消费方式、消费观念等较为传统。新生代农民工更加崇尚现代性消费手段,青睐现代性消费方式。随着互联网不断融入生活,新生代农民工的消费方式变得前卫。和大多数城里人一样,网络也成

---

① 周晓虹. 传统与变迁:江浙农民的社会心理及其近代以来的嬗变 [M]. 武汉:生活·读书·新知三联书店, 1998:23.

了他们当中一种流行的工具。依托网络的便捷性，新生代农民工在网上进行休闲娱乐、购物等，网上消费方式已经成为他们生活中不可缺少的一部分。与老一代农民工相比，新生代农民工普遍使用智能化设备。他们通过 QQ、微信、微博等进行人际交往，利用支付宝、花呗、网上银行等进行消费。

再如，新生代农民工婚恋观念变迁。新生代农民工的婚恋观念受现代观念的影响从而呈现现代化倾向。在现代文明的熏陶下，新生代农民工逐渐摆脱旧式传统婚恋思想，越来越将婚恋作为个人的私事，他们不认同"婚姻是用来传宗接代"和"多子多福"等传统观念，更加追求恋爱自由和婚姻自主。父母在新生代农民工婚恋过程中不再处于主导地位，取而代之的则是以共同商讨为基础、自己掌握最终决策权的新型婚恋方式。新生代农民工的婚恋观中传统观念与现代观念相互交织，变迁呈现出传统与现代相结合、现代性一面逐渐增强的特点。新生代农民工的择偶过程从以媒人为中介的传统方式向自主结识、自由恋爱的现代婚恋模式转变，择偶标准从门当户对向注重对方人品、性格、爱好以及能力等内在因素转变，择偶方式从以往的父母长辈物色到如今借助婚恋平台、网络进行恋爱，婚恋态度也从顺从转变为积极争取、理性对待。

虽然新生代农民工的婚恋观念呈现现代化倾向，但并未完全摒弃传统。我们可以从新生代农民工对于一些特殊婚恋现象，比如未婚先孕、不婚族等不符合传统认知的现象评判上看出新生代农民工在婚恋观念变迁中还保留传统的一面。如以下访谈对象的言论。

不能接受不婚，毕竟婚姻制度是中国自古以来的传统。（访谈对

象10)

现在社会逐渐开放，这些现象都比较正常，但是个人不太能接受不婚。（访谈对象11）

对于未婚先孕，觉得这是个对双方、更是对孩子不负责任的想法，不会允许自己有这样的行为。（访谈对象14）

关于婚前同居、未婚先孕，我觉得女生在外面要保护好自己，这些都是传统思想，我们要尊重传统，坚决不做以上事情。（访谈对象17）

没办法接受婚前同居、未婚先孕、不婚族，我认为凡事都应该有个规矩、约束，要尊重传统思想。（访谈对象19）

婚前同居或者未婚先孕都不太好，我对不婚族表示尊重，但不苟同。（访谈对象20）

婚前同居不仅有助于双方感情升温及互相磨合，还有助于减轻经济负担。但是不论时代变化如何迅速，基本道德底线必须恪守，不论男女双方都必须为自己、为对方、为家人负责，不能做出一些令人伤心的事情。（访谈对象26）

传统和现代交织，反映了我国社会转型期特征，也体现了新生代农民工"过渡人"的特点。新生代农民工的梦想是融入城市，实现市民化，但整体来看这一过程还在进行，并没有完成，因而其观念变迁呈现出传统和现代交织，但现代性一面逐渐增强的特点。

三、积极方面与消极方面混杂

新生代农民工的观念变迁具有二重性，积极方面与消极方面并存。一方面，新生代农民工的观念变迁有大量积极因素，这是主导方面。譬如，新生代农民工婚恋观的变迁。在传统社会，农村地区生产力低下、经济文化相对落后，在物质文化发展水平低下的情况下，适婚男女的婚恋问题往往是通过亲朋好友介绍或是父母包办婚姻来解决，缺乏婚恋自主性。"父母之命""媒妁之言"的婚恋方式在农民婚恋中一直占据主导地位。改革开放以来，农村生产水平提高，生产方式得到极大改善，城乡流动人口增多，这给适婚青年提供了更多自主婚恋的机会。同时新生代农民工在择偶的过程中渐渐掌握了自主权，婚恋自主性也进一步增强。新生代农民工受教育程度较高且受城市观念影响较大，他们对待婚恋问题独立意识较强且自主性大。调查显示，在择偶时面临与父母意见不统一时，绝大多数的新生代农民工都能够坚持己见，而不是盲目听从父母的意见，主张"我的婚姻我作主"。新生代农民工在独立、开放的城市观念的熏陶下摒弃落后的思想观念，主动拥抱新思想和新意识，展现出显著的自主意识。面对自己的终身大事，新生代农民工开始摆脱旧有观念的束缚，运用独立、平等的思想观念自由选择对象、决定婚否。在新生代农民工婚恋观念变迁的过程中，他们的独立意识进一步得到释放。随着新生代农民工对现代婚恋模式的逐渐适应，他们对于婚恋对象的选择自主性会显著增强，这是积极的变迁。

另一方面，新生代农民工的观念变迁也混杂着某些消极因素甚至是错误的观念。如"闪婚""爱情快餐""未婚先孕"等婚恋现象在新生代农民工群体中出现，就体现了这一点。再如，新生代农民工的消费观念。新生代农民工的生活水平明显好于老一代农民工，与崇尚节俭的老一代农民工相比，新生代农民工特别是未婚的新生代农民工更舍得花钱，但并不是所有的消费都是必需的、有意义的。新生代农民工的消费存在非理性消费现象。一是超前消费。当前随着信贷产业的发展，贷款按揭消费被很多年轻人接受，通过提前透支自己的工资来满足当前的消费需求，借以提高生活质量并满足消费心理。① 对于老一代农民工来说，由于传统观念的影响，他们大多具有储蓄意识，其收入一般用于回乡盖房、日常必需消费、子女教育、养老等，很难接受超前消费。新生代农民工在消费理念上正在与老一代农民工分离，储蓄型消费模式越来越不被新生代农民工所接纳，长期的城市生活让其逐步认同并模仿超前消费模式。② 部分新生代农民工储蓄意识淡薄，一些是"月光族"，一些身兼房贷、车贷等，认同"明天的钱今天花"的消费观念，使用网贷。二是炫耀性消费。人的需求具有不同的层次，其中最基础的是生存需求，当生存需求满足之后，人们还会追求安全、尊重等需求，这些基于物质需求却超越物质需求。新生代农民工的消费支出高于老一代农民工，他们的消费除了满足基本的物质需求外，"攀比性消费""炫耀性消费"慢慢出现。消费不是为了实用，而是基于攀比心理，为了在同伴面前炫耀。部分新生代农民工在进行商品高消费时，持有"看着高档、有面子"的消费心理，力争通过模仿城市同龄人的消费行为，寻求城市社会认同。一些新生代农民工在某些能够彰显个性、表达

---

① 官心. 新常态下 90 后新生代农民工消费模式及营销策略探究 [J]. 现代商贸工业, 2019 (36): 95-96.
② 毛哲山, 刘珍玉. 新生代农民工消费行为及其影响因素研究 [J]. 北京青年研究, 2017 (3): 18-23.

消费主张的消费项目中出手阔绰,借以满足自己炫耀性消费需要。这些超出个人实力的非理性消费,是一种错误的消费观念。

以上表明,新生代农民工的观念变迁并非都是正向的,还存在消极因素。消极因素虽不是主要的,但是影响到新生代农民工的健康成长和市民化,亟须引导和纠正。

四、矛盾性与差异性互现

新生代农民工的观念变迁传统与现代交织、积极方面与消极方面并存的特点,又衍生出矛盾性、差异性的特点。这突出表现在新生代农民工乡土观念的变迁上。

作为游离在城市边缘的一类群体,新生代农民工对自己的家乡没有老一代农民工那样充满感情,但他们又不能完全融入城市生活,这就导致了他们在乡土观念上的矛盾性。首先是对待土地态度的矛盾性。根据访谈结果来看,绝大多数新生代农民工虽然认为土地重要,但又不会完全依赖土地,这是新生代农民工作为一类"游离"在城市边缘的群体所特有的矛盾性。一方面,他们中的很多人在城市找不到归属感和依靠,或者说还没有过上自己憧憬的"市民"生活,而家乡的土地是自己的根,是养活祖祖辈辈的地方,土地是农民重要的生产资料,就像访谈中有新生代农民工提到的:"从小,我父母就在我的思想里灌入土地的珍贵性——只要有一寸土地,都是能生长庄稼的。"土地在新生代农民工心中仍然占据一定的地位。另一方面,由于务农经验欠缺且习惯了在城市生活,很多新生代农民工已经改变了老一代农民工年老后回归田园生活的想法,回家乡种田、完全依赖土地生活对于他们中的很多人来说不太现实，这就形成了他们虽认为土地重要却不会依赖土地的矛盾心理。其次是看待家乡和城市的矛盾心理。如前所述，新生代农民工热爱自己的家乡，虽然漂泊在外仍心系故土，他们了解自己家乡的风土人情，和外人经常谈论自己的家乡。总体来看，新生代农民工对家乡怀有感情，但是在访谈中我们发现，新生代农民工的梦想是未来在城市定居，渴望成为城市人。特别是对于20多岁的新生代农民工而言，他们认为在城市生活更加便捷且目前的生活圈都在城市，以后不愿再返回家乡长期生活，也难以适应农村生活。但是家乡是根，故乡是魂，只要父母长辈都在家乡，他们与家乡的联系就在，乡愁就在，这就形成了他们在家乡和城市之间相互拉扯的矛盾心理。

  新生代农民工观念变迁的差异性，在新生代农民工乡土观念的变迁中也有体现。如前所述，土地在老一代农民工心目中占据重要位置，他们将土地视作自己生活的最后保障，当年老无力打工的时候，他们会选择返回家乡，继续在土地上劳作。新生代农民工则不同，他们的梦想是在城市定居，成为城市人，但不同年龄段的新生代农民工的乡土观念存在差异。调查发现，整体而言，新生代农民工对土地的重视程度与年龄成反比。与出生于1995年之前的新生代农民工相比，出生于1995年之后的新生代农民工对土地的重视程度更低。调查发现，在对"土地是自己最后的保障"这一观点的认同度上，出生于1995年之后的新生代农民工低于出生于1995年之前的新生代农民工。可见越是年轻，新生代农民工越很少将土地作为自己最后的保障。对于"今后打算回乡发展"这一观点做出肯定回答的，出生于 1995 年之后的新生代农民工也低于出生于 1995 年之前的新生代农民工。可见更年轻的新生代农民工更渴望定居城市，回家乡发展的意愿不高。以上既反映出年轻的新生代农民工比年纪稍长的新生代农民工乡土观念更淡薄，也说明了新生代农民工乡土观念的差异。可以预见，随着农民工市民化的推进，新生代农民工的乡土观念将会减弱，但不会消失，乡愁仍然存在。

新生代农民工观念变迁的差异性，还体现在新生代农民工消费观念方面。访谈发现，不同年龄段的新生代农民工在消费领域呈现出一定的差异性。总结并分析访谈资料，可以发现 20~27 岁和 28~35 岁两个年龄段的新生代农民工的月消费支出在衣、食、住上占据比例均最大，有子女教育消费的基本是 28~35 岁年龄段的新生代农民工。总体而言，20~27 岁的多为未婚新生代农民工，即便结婚其子女也较小，不存在子女教育消费，除基本生活消费外，他们也有一定的娱乐消费；而 28~35 岁的大部分为已婚状态，这个年龄段的新生代农民工与老一代农民工较为接近，其消费观念受到老一代农民工的影响，其消费支出除基本生活消费外，一些还用在子女教育上。

再如，对超前消费及"月光族"式消费方式的看法，新生代农民工的观点也表现出明显的差异性，具有多元化特点。有的新生代农民工明确表示不赞同，认为超前消费及"月光族"式消费方式不好。譬如，访谈对象 21 认为："我不太能理解超前消费及'月光族'这些消费方式，这样没有安全感。"访谈对象 26 表示："对于目前较多的超前消费现象及人群，我的态度是要不得。不知从何时开始在青年一代开始流行了超前消费、'月光族'等，毫无疑问这存在着巨大隐患。年轻人没有自制力，缺乏大局观，一旦形成这种模式，将会是一个巨大的黑窟窿。"

有的新生代农民工表示理解，可以接受。如访谈对象 13 认为："我认为超前消费和'月光族'式消费方式非常正常，可以接受这样的消费方式。"访谈对象 22 表示："我认为超前消费及'月光族'式消费方式一方面可能是因为生活压力较大，另一方面是收入单一导致，所以我在一定程度上是可以理解的。"

还有的新生代农民工认为，每个人有每个人的想法和生活方式，对超前消费及"月光族"式消费方式不做评价，没有看法。如访谈对象 6 表示："我对'月光族'没啥看法，每个人都有每个人的想法，不做评价。"访谈对象 30 认为："每个人生活方式不同，可能消费方式不同，对于超前消费及'月光族'没有看法。"

新生代农民工观念变迁的差异性，也体现在新生代农民工婚恋观念方面。譬如，针对新生代农民工择偶标准和考量因素，笔者调查时询问新生代农民工："你觉得两个人在一起最重要的是什么，感情还是物质条件？"对此，新生代农民工有不同的答案，呈现出差异性特点。有的新生代农民工认为感情更重要。如访谈对象 9 认为："两个人在一起最重要的是感情。"访谈对象 12 认为："两个人在一起最重要的是感情，有了感情其他什么都不是问题。"访谈对象 13 谈道："我认为两个人在一起最重要的是感情。有了感情两个人可以一起努力奋斗，追求更好的物质生活。"

有的新生代农民工认为物质更重要。如访谈对象 8 指出："以前认为最重要的是感情，现在认为物质更重要，或者说是有物质保障的感情会更加长久。因为结婚后是要归于平淡的，需要用物质保障感情，两个人一起去创造物质。"部分新生代农民工在婚姻面前较为现实和物质化，有的女孩甚至想"以嫁脱贫""以嫁致富"，借助婚姻这一跳板改变自己的人生命运。

还有的新生代农民工认为两个人在一起既要有感情，也要有物质。如访谈对象1认为："感情和物质各占50%，没有任何一样都不行。"访谈对象26指出："两个人在一起情感是基础，物质是条件。有情感没物质是理想，有物质没情感是空洞。我更赞成两个人拥有感情一起创造物质。"

对待感情和物质的不同态度反映了新生代农民工择偶标准和考量因素的区别，也体现了这个群体婚恋观念的差异性。

新生代农民工观念变迁的差异性，从一个层面反映了当今时代新生代农民工观念的多元化。差异并非都是矛盾。但不同观点之间的差异性会引发矛盾。新生代农民工观念变迁的矛盾性和差异性互现。

以上新生代农民工观念变迁呈现的四大特点，体现了市民化进程中新生代农民工向市民转变的"过渡人"特征，也反映了新生代农民工观念变迁还在进行中，尚未完成和定型，这就为引导新生代农民工观念变迁提供了可能。

第二节　新生代农民工观念变迁的原因

对于新生代农民工的观念变迁，近年来学术界已经有学者进行了研究，但对于新生代农民工观念变迁原因的研究还不够。马克思主义认为，"人们首先必须吃、喝、住、穿，然后才能从事政治、科学、艺术、宗教等等"①。物质资料的生产方式是社会发展的决定力量，也决定着人们的精神状况。从根本上说，新生代农民工观念变迁取决于生产力的发展和生产方式、生活方式的变革，本部分笔者主要基于文化接触理论和功利主义思潮的影响两个视角解释说明新生代农民工观念变迁的原因。

一、基于文化接触理论视角分析

"文化接触"是人类学中使用已久的一个术语。早在20世纪40年代，著名的人类学大师马林诺夫斯基在其著作《文化变迁的动力：关于非洲各民族间交往的调查报告》中曾经指出，非洲的变迁就是由"一种高级的主动的文化压倒了原始的被动的文化所造成的"。1962年，美国学者福斯特在《传统文化与科学技术变革的影响》一书中断定："不同社会间的接触乃是决定文化变革的最重要的单一因素。"他甚至认为，与城市的接触程度是促使农民生活发生变革的最

---

① 马克思, 恩格斯. 马克思恩格斯选集：第三卷［M］. 中共中央翻译局, 译. 北京：人民出版社, 2012：1002.

重要的决定因素。1994年,我国学者李剑鸣在《中国社会科学》期刊上发表文章,利用文化接触理论深入探讨了美国印第安人和白人两种文化接触的历史条件和产生冲突的基本原因,作出了令人信服的分析。[①] 不同学科视野下"文化接触"的含义有所不同,本书中使用的术语借用了美国著名学者米格代尔在其经典著作《农民、政治与革命:第三世界政治与社会变革的压力》一书中的观点,主要是指传统的农村生活方式与更为城市化的生活方式发生接触,特别是指传统农村与具有现代社会特点的价值观念和生活方式的接触。[②]

新生代农民工与城市文明有着相对广泛而又深入的接触,笔者认为,文化接触是他们观念发生变迁的重要原因。具体而言,这体现在以下三点。

(一)相比落后的农村,城市较为发达,城市文明对新生代农民工具有强烈的吸引力

新中国成立以来,特别是改革开放以来,我国现代化建设取得举世瞩目的成就,但不可否认的是,我国农村的发展相对滞后,城乡发展不平衡。城乡差距既表现在经济收入方面,也表现在基础设施建设、社会事业发展和文化娱乐等方面。以城乡居民收入差距为例,2020年我国城乡居民人均可支配收入的比值为2.56,农村较低的收入成为促使新生代农民工外出打工,并引发观念变迁的重要推力;城市居民较高的收入成为吸引新生代农民工外出打工并诱发观

---

① 李剑鸣.文化接触与美国印第安人社会文化的变迁[J].中国社会科学,1994(3):157-174.
② 米格代尔.农民、政治与革命:第三世界政治与社会变革的压力[M].李玉琪,袁宁,译.北京:中央编译出版社,1996:19.

念变迁的重要拉力。从文化娱乐方面分析，农村文化娱乐设施相对缺乏，农民精神文化生活相对贫乏，农闲的时候，很多农民往往依靠打麻将、玩扑克等打发无聊的时光；城市则不同，城市拥有健全的文化娱乐设施和多样的文化娱乐活动，如果愿意，新生代农民工可以在城市享受到丰富的精神食粮和文化大餐。城市图书馆的藏书量大，空闲的时候爱看书的新生代农民工可以在这里徜徉于知识的海洋中；网吧林立，工作之余，爱上网的新生代农民工可以网上冲浪、浏览新闻、打游戏，放松心情；KTV遍地开花，下班后，爱唱歌的新生代农民工可以邀请同事和朋友，在这里一展歌喉，唱去一天的疲惫；装备豪华的电影院放映着最新的电影，圣诞夜、情人节，追求浪漫的新生代农民工可以在这里与爱人一起度过，享受甜蜜；免费开放的公园风景优美，不上班的时候，爱游览的新生代农民工可以三五成群入园，赏花玩水；大型超市和商业综合体鳞次栉比，下班后，喜欢逛街的新生代农民工可以进入服装店试穿漂亮的衣服，或者去商场观赏琳琅满目的商品。城市发达的交通，更高的经济收入，更好的发展机会，丰富多彩的文化娱乐生活，这一切都深深吸引着新生代农民工。大众媒介的广泛传播，与城市的接触带来的直观感受，城市体验的增多，信息处理能力的增强，使得新生代农民工对城乡差距有着清醒的认识。他们向往发达的城市生活，渴望融入城市，成为城市市民。生活上他们以城市人为榜样，他们的观念也随之发生变迁。

(二) 新生代农民工面临较好的政策环境，这为他们的观念变迁提供了条件

社会存在决定社会意识。在漫长的封建社会，传统农民生活在封闭的农村，从事单调的农业生产，接受农村传统文化的熏陶，因而他们的观念长期保持相对稳定。新中国成立后，农民分得梦寐以求的土地，但不久之后的农业社会主义改造的推进、人民公社化运动和二元户籍制度的制定和严格执行，又把农民约束、固定在农村，农民缺乏行动自主权。1978年对农民而言是具有转折意义的一年，推行的家庭联产承包责任制，赋予农民生产经营自主权和劳动时间支配权，这既调动了亿万名农民生产的积极性，又解除了人民公社体制对农民的禁锢，为农民进城打工提供了可能。由于历史和认识的局限性，20世纪80年代初期，政府对农村劳动力进城务工仍然采取严格的控制政策。20世纪80年代中期，政府开始放松农民进入乡镇务工的限制，但在1989年，政府又加强了对农村劳动力外出的限制——是年3月，国务院下发了《关于严格控制民工盲目外出的紧急通知》，要求各地采取有效措施，控制民工外出。20世纪90年代，政府对农村劳动力的流动政策发生变化，开始承认流动、接受流动，中央强调要根据城市及发达地区的需求，合理引导农村劳动力进城务工，但很多省市出台了各种限制农村劳动力进城务工的规定和政策，这些规定大都包含着对本地招收农村劳动力就业的岗位限制和次序限制。这一时期在城市打工的老一代农民工，一方面受到农村传统文化的浸染，并没有完全摆脱土地和家庭的束缚，对土地恋恋不舍、对家乡念念不忘；另一方面又受到政策的限制和现实的约束。

在此情况下，他们虽与城市有接触，但观念并没有发生太大的变化，甚至固守农村的传统。

21世纪以来，各地政府对农民外出打工的态度大为转变，对农民工的政策更为积极，不但支持和引导，而且提供服务。2003年1月5日，国务院办公厅下发《关于做好农民工进城务工就业管理和服务工作的通知》，明确提出强化政策引导，取消对农民工进城就业的各种不合理限制，做好农民工进城就业服务工作。2004年的"中央一号文件"对农民工的地位进行了清晰的界定，明确指出"进城就业的农村劳动力已经成为产业工人的重要组成部分"。2006年1月31日，国务院又发布《关于解决农民工问题的若干意见》，指出要逐步建立城乡统一的劳动力市场和公平竞争的就业制度，建立保障农民工合法权益的政策体系和执法监督机制，建立惠及农民工的城乡公共服务体制和制度。2010年的"中央一号文件"更是直接关注"新生代农民工"这一群体，明确提出"要采取有针对性的措施，着力解决新生代农民工问题"。2013年党的十八届三中全会也指出："推进农业转移人口市民化，逐步把符合条件的农业转移人口转为城镇居民。"

2017年党的十九大提出"加快农业转移人口市民化"。从现实情况看，曾经严重制约老一代农民工流动的户籍制度改革正在逐步推进，阻碍农民工就业的歧视性政策正在被破除，农民工社会保障制度、子女教育制度等有利于新生代农民工在城市安家落户的制度正逐步建立。束缚因素的解除、政策环境的优化、管理上的创新，为新生代农民工观念变迁提供了条件，也使得他们的行为更为自由,能够自主作出抉择。"我的青春我做主",在与城市文明持续接触的过程中,他们摒弃了农村传统观念,逐步接受城市现代观念。

(三)新生代农民工与城市文明的接触相对广泛,能够主动适应城市社会

利用文化接触理论解释新生代农民工的观念变迁,需要解答一个令人感到困惑的问题:同为农民工,老一代农民工也接触了城市文明,但是,他们的观念为什么没有像新生代农民工那样发生重大变迁,甚至部分人仍然保留农村传统观念?笔者认为,这一问题的答案是立体的。第一,这与老一代农民工与新生代农民工的代际差异有关。与前者相比,后者多数属于青年群体,他们思想活跃、知识水平较高、适应能力较强、乡村认同感低,因而在与城市文明接触的过程中,他们的价值观念容易发生变迁。第二,这与他们所处的政策环境不同有关。新生代农民工所处的政策环境较为宽松,这有利于他们的观念变迁。对此,前面我们已经进行了分析。第三,这与他们对城市文明接触的程度以及社会适应状况有关。老一代农民工虽人在城市,但基本上过着与城市形式上接壤而实质上隔离的"孤岛"式的生活,他们与城市的接触更多地集中在工作场域和经济层面,在日常生活领域中,与城市社会层面、文化层面的接触较少,与城市人的社会距离较远。从生活方式上看,他们中的多数人复制或移植乡村的生活方式,有的人甚至在城市建立自己的社区——

"都市里的村庄"①，如项飚在其著作《跨越边界的社区——北京"浙江村"的生活史》一书中阐述的北京城里的"浙江村"。在这里，乡土的行为规则和生活方式仍然有较大影响，与城市的浅层次的接触并不能改变老一代农民工头脑中根深蒂固的传统的思维方式和价值观念。新生代农民工则不同，他们与城市文明的接触较为广泛，这种接触既包括经济层面的接触，也包括社会层面和文化层面的接触，以及日常生活领域与城市市民的接触。大多数新生代农民工能够对变化了的环境做出反应，并自我调适，逐步适应城市生活。首先是经济层面的适应，即在城市中工作、消费；其次是社会层面的适应，主动接触城市社会；最后是心理观念层面的适应，新生代农民工羡慕城市人的生活，内心渴望融入城市，心理上认同城市社会，因而他们能够接受城市的价值观念，进而观念发生变迁。

二、基于功利主义思潮的影响视角分析

新生代农民工受到多种思潮潜移默化的影响，比如，新生代农民工的消费观念受到消费主义思潮的影响等。功利主义具有注重个人利益、贴近现实生活的特性，对新生代农民工的观念变迁和价值观形成产生较大影响。本部分，笔者主要基于功利主义思潮的影响视角，分析新生代农民工观念变迁的原因。

（一）功利主义学说简介

功利主义学说萌芽于古希腊时期的居勒尼学派和伊壁鸠鲁学派，

---

① 许林.湖北新生代农民工市民化的政策与体制研究［M］.武汉：中国地质大学出版社，2011：97.

正式产生和系统论证于18世纪末19世纪初的英国。边沁确立了该学说的基本框架。边沁以建立在快乐主义基础上的"苦乐原理"为理论基石,把趋乐避苦看作人生的最终目的。他认为人天生就是寻求快乐和幸福的,视道德为追求快乐的工具,以实际功效或利益作为行为准则,把行为的实际效果作为道德判断的最终标准。在边沁之后,密尔(又译作"穆勒")的幸福理论修正了边沁的快乐主义学说,发展了边沁的功利主义思想,使功利主义更趋理论化和体系化。1903年,摩尔发表了《伦理学原理》一书,指责功利主义陷入了"自然主义谬误",使功利主义受到了沉重打击而渐趋沉寂。但二十世纪五六十年代,功利主义再度复兴,行动功利主义和准则功利主义成了现代功利主义的主要派别。

改革开放以来,我国学者对功利主义的研究成果丰硕,主要集中在以下几个方面:第一,介绍功利主义。代表性成果有王润生的《西方功利主义伦理学》、龚群的《当代西方道义论与功利主义研究》、牛京辉的《英国功利主义伦理思想研究》、姚大志的《当代功利主义哲学》等。第二,评价功利主义。功利主义产生之初在历史上曾经起到了进步作用,但功利主义存在自身难以克服的理论局限,很多观点是谬误的,其本质是为资产阶级服务的伦理学说。第三,阐述功利主义的影响。例如,钱华探讨了功利主义的负面效应对青年的消极影响[1];姚崇等人阐述了功利主义对大学生群体思想行为的消极影响,并分析了产生影响的原因。[2]

---

[1] 钱华. 试论功利主义思潮与青年思想道德教育[J]. 前沿, 2008(1): 91-93.
[2] 姚崇, 周欣仪, 宋捷. 功利主义社会思潮对当代大学生的消极影响及其原因分析[J]. 社科纵横, 2014(9): 160-165.

剖析功利主义对新生代农民工价值观念的消极影响并积极应对，有利于引导新生代农民工认清功利主义的实质和危害，扭转部分新生代农民工思想上和行为上的功利化倾向，帮助他们树立正确的义利观和社会主义核心价值观，从而规范他们的日常行为，推动他们融入城市和市民化。

（二）功利主义对新生代农民工观念的消极影响

功利主义把追求快乐和避免痛苦作为当事人行为的最终目的，认为道德的价值在于使人们获得快乐和利益，把行为结果是否增加当事人的快乐作为道德判断的标准，这些观点潜移默化地影响了新生代农民工的价值观。受功利主义、市场经济和其他因素的综合影响，部分新生代农民工的价值观呈现功利化的倾向。

第一，从新生代农民工的人生价值观看。虽然很多新生代农民工爱岗敬业、积极奉献，甚至回乡创业，带领乡亲们共同致富，但调查发现，有的新生代农民工陷入了享乐主义的泥潭，认为人生的价值在于享乐。部分新生代农民工缺乏奉献精神，没有远大理想和责任担当，个别新生代农民工甚至为了追求个人享乐，不惜损害他人的利益。

第二，从新生代农民工的道德价值观看。调查发现，一些新生代农民工对道德的作用和价值缺乏正确的认识，没有深刻认识到道德对于个人生活和社会发展的重要意义。有的新生代农民工认为道德应该为个人服务，使自己快乐或获得利益；有的新生代农民工认为道德只是一种对个人产生约束的力量，可有可无；还有的新生代农民工奉行利益至上,甚至认为"为了个人利益,可以不讲道德"。

第三,从新生代农民工的就业观看。一些新生代农民工认为从事农业生产太累,挣钱太少,他们对农业缺乏感情,不愿以农为业,甚至认为从事农业生产是无能的表现。在城市就业时,与老一代农民工相比,很多新生代农民工缺乏吃苦耐劳的精神,不愿意干脏活、累活,频繁调换工作。还有学者调查发现新生代农民工普遍有一种急切的谋富心理,他们在工作中更看重的是获取利益的多少。[1]

第四,从新生代农民工的消费观看。部分新生代农民工出现了炫耀性消费[2]和过度消费现象。在衣着方面,有的新生代农民工过分注重外在形象,穿着洋气,舍得花钱购买品牌服装;在住宿方面,有的农民工不愿意住在单位统一安排的集体宿舍,宁愿花钱在外面租房;在日常开支方面,有的女性新生代农民工不惜大手笔花钱进行整容,有的男性新生代农民工也不惜花费金钱烫染漂亮发型,甚至有人赶时髦购买最新型号的品牌电子产品。

第五,从新生代农民工的婚恋观看。新生代农民工主张恋爱自由,积极追求个人的婚姻幸福,但有的男性新生代农民工恋爱动机不纯,只为追求个人的快乐,缺乏责任感;有的女性新生代农民工谈婚论嫁时过分看重物质条件,向男方索要高额彩礼;还有的女性年轻新生代农民工为了金钱,成为城市里有钱男人的"小三"。

新生代农民工并没有系统接受功利主义教育或直接大量阅读功

---

[1] 黄丽云. 新生代农民工市民化中的价值观 [M]. 北京:社会科学文献出版社,2012:91.

[2] 汪丽萍. 融入社会视角下的新生代农民工消费行为:市民化消费和炫耀性消费 [J]. 农村经济,2013(6):126-129.

利主义方面的书籍，他们大多是通过影视、网络和朋辈等渠道间接、碎片化地了解功利主义，但以上情况表明，功利主义对新生代农民工的价值观形成和观念变迁产生了消极影响。功利主义对新生代农民工观念变迁的影响是潜移默化的、隐性的，我们不能忽视，需要积极应对。为此，需要加强新生代农民工思想教育。从以上意义而言，对新生代农民工进行思想教育，既是消解其价值冲突、引导其观念变迁、提升其思想道德素质的重要途径，也是有效应对功利主义、消费主义等思潮对新生代农民工观念变迁之影响的重要方式。

第四章　新生代农民工思想教育价值阐释与现实困境

新生代农民工的观念变迁是一个伴随着新生代农民工乡—城流动和市民化进程而发生的历史过程。整体而言，新生代农民工观念变迁还处于自发状态，缺乏规范和引导，由此造成新生代农民工观念变迁并非都是正向的、积极的，还有消极因素，存在价值冲突。解决这些问题，需要外部介入，加强对新生代农民工观念变迁的引导。由于新生代农民工观念变迁随着市民化的过程进行，尚未完成，而新生代农民工群体中青年农民工又占大多数，他们的价值观还没有定型，这就为引导新生代农民工的观念变迁提供了可能。思想教育是引导新生代农民工观念变迁的重要途径，对新生代农民工进行思想教育，对于消解其价值观冲突，引导其观念变迁，进而推进其城市融入和市民化，都具有重要价值。本章，笔者主要运用思想政治教育价值论，阐释新生代农民工思想教育个体价值和社会价值，并揭示新生代农民工思想教育工作面临的现实困境，为加强新生代农民工思想教育工作提供理论依据和现实支撑。

第一节　新生代农民工思想教育的价值

一、新生代农民工思想教育的个体价值

与老一代农民工相比，新生代农民工对家乡的认同感在减弱，对城市生活充满向往，渴望融入城市。新生代农民工融入城市并实现市民化是我国城镇化进程中一个重大而又紧迫的现实问题，也是未来一段时期我国社会发展的一个必然趋势。新生代农民工的城市融入，不仅指他们由农村向城市空间上的转移以及由农业向非农产业职业上的转换，还包括他们心理层面的调适以及思想观念的转变与融入。思想教育对新生代农民工观念变迁具有重要的引导价值。开展思想教育，解决新生代农民工的思想问题，提高他们的思想道德素质，既可以引导他们的观念变迁，又可以促使他们早日适应城市生活，更好、更快地融入城市，最终实现市民化，这是新生代农民工思想教育的个体价值。具体而言，这一价值主要通过以下几个方面实现。

（一）提高思想道德素质

思想道德素质不仅是人的综合素质的重要组成部分，它还决定着人的发展方向，影响着人的其他素质的发展和发挥。就新生代农民工这一群体而言，与老一代农民工相比，他们的文化素质相对较高，普遍接受过九年义务教育，部分人还是高中甚至专科毕业，但部分新生代农民工的思想道德素质亟须提高。受市场经济的冲击和功利主义的影响，个人主义、拜金主义和享乐主义思想在部分新生代农民工头脑中滋生；有的新生代农民工已经不同程度地失去了本该具有的勤劳、朴实、诚实等优点，取而代之的是自私、物化、放纵等不良取向。① 据动态考察，如前所述，新生代农民工从农业文明主导的乡村社会进入以工业文明为主导的城市社会后，生活和工作环境发生巨大变化，他们的观念也随之发生重大变迁。与现实中"游移"的生活相对应，他们的精神世界也处在一种"非城非乡"的"悬置"状态，"他们的肉体置身于其中的那个眼花缭乱的美好世界并不属于他们，他们的灵魂永远游走在城市的边缘"②，部分人陷入"精神的贫困"或"精神的困顿"之中，这种状况直接影响着他们的身心健康和城市融入。开展思想教育，有利于解决他们的思想问题，提高他们的思想道德素质，引导其观念变迁。

（二）消解价值冲突

"价值观就是人们关于某种事物对人的作用、意义、价值的观点、态度和看法"③ "是人区分好坏、美丑、益损、正确与错误，符合或违背自己意愿等的观念系统"④。如前所述，在市民化过程中，

---

① 方彬，熊宏俊.社会转型期新生代农民工思想政治教育初探［J］.江西行政学院学报，2011（4）：21-22.
② 许林.湖北新生代农民工市民化的政策与体制研究［M］.武汉：中国地质大学出版社，2011：72.
③ 袁贵仁.价值观的理论与实践［M］.北京：北京师范大学出版社，2006：2.
④ 黄希庭，郑涌.当代中国青年价值观研究［M］.北京：人民教育出版社，2005：5.

新生代农民工的观念变迁具有矛盾性特点。由于消费主义、享乐主义、功利主义的影响,部分新生代农民工的价值观异化,把人生的价值定位为追求感官快乐和物质享受,认为人生的真谛是享受,人活着就是为了享受美好的物质生活①;有的新生代农民工的价值尺度扭曲,把拥有金钱的多少作为衡量人生价值的标准,甚至为了金钱不择手段;部分新生代农民工过分强调个人价值而忽视社会价值,甚至有的人为了个人利益损害他人和集体的利益。存在决定意识,一方面,成长于乡村的经历,使得新生代农民工还一定程度上受到农村传统价值观的影响;另一方面,在城市打工的岁月,又使得他们受到城市文化的冲击。作为"夹在中间的一代",他们的价值观在传统与现代之间"左右挣扎",乃至发生"价值冲突"。价值冲突也就是价值观念的冲突,新生代农民工面临的价值冲突,包括追求理想与服从现实的冲突、物质满足与精神追求的冲突、个人本位与社会本位的冲突等。② 这些价值冲突,实际上是由城乡文化差异导致的乡村文化与城市文化的冲突的具体表现,对新生代农民工的城市适应和市民化产生消极影响,迫切需要消解。对新生代农民工开展思想教育,正是消解价值冲突的一个重要途径。这是因为:价值观教育是思想政治教育的一项重要内容,对新生代农民工开展思想教育,有利于引导他们摒弃功利性的价值观,帮助他们树立适应城市生活的现代价值观,确立社会主义核心价值观,使他们在追求个人价值

---

① 刘金如,曾姗姗.新生代农民工的思想政治教育探析[J].中南林业科技大学学报(社会科学版),2010(3):45-47.
② 黄进.价值冲突与精神皈依:社会转型期新生代农民工价值观研究[M].南京:南京师范大学出版社,2010:107-120.

的同时，为集体利益和社会发展而奋斗。

(三) 塑造健全人格

人格是个人相对稳定的比较重要的心理特征的总和，包括一个人的品格、品质、思想境界、情操格调等。拥有健全的人格对于新生代农民工的健康成长和顺利工作具有重要意义，但从现实情况看，部分新生代农民工还存在心理问题和人格缺陷。2010年上半年，轰动一时的"富士康员工十三连跳"事件，就以极端形式说明了这一点。郭星华等人曾经利用"心理灰度"，即人在现实生活中的心理灰暗程度，来描述农民工的心态与情绪。研究结果表明，虽然并非所有的农民工都具有不良的心态与情绪，但平均而言，农民工的心理状态更偏向于消极的一面。[①] 这也从一个侧面说明，新生代农民工对城市生活还不适应，没有完全融入城市。来到城市后，耳闻目睹家乡和城市、个人生活和城市市民生活的差距，部分新生代农民工产生较大的心理落差，被剥夺心理、不平衡心理滋生；城市富人较高的收入、奢侈的生活也引起部分新生代农民工的羡慕和嫉妒，"怨恨"心理、"仇富"心理涌现。与老一代农民工相比，新生代农民工的忍耐性和心理承受力较差，易从外因分析问题。个别人把自身生活的不如意归结于社会，甚至产生报复社会的畸形心理。"思想政治教育的重要任务，就是塑造个体健全人格，使社会成员形成崇高

[①] 郭星华，等. 漂泊与寻根：流动人口的社会认同研究 [M]. 北京：中国人民大学出版社，2011：124.

的精神境界,健康良好的心理品质。"① 对新生代农民工进行思想教育,有利于实现这一任务。

(四) 规范日常行为

与祖辈相比,新生代农民工对土地缺乏浓厚的感情,不愿种地,甚至认为"种地是一个没出息的事业"。来到城市后,他们不愿意再退回到农村,而是渴望融入城市,过上像城市人一样的生活,但户籍制度、城市高昂的房价、子女教育等,都阻碍着他们"市民梦"的实现。作为"漂泊的一代",他们对城市缺乏心理归属感,虽然处在灯光闪耀的城市却两眼迷茫,不知路在何方。新生代农民工自我控制能力和道德规范约束力相对较低,又由于身在外地,户籍所在地基层组织难以管理,家族宗法和乡村礼俗也难以约束,面对着陌生的环境,他们很容易在放任自流的状态中迷失自我②、行为失范。譬如,不遵守城市基本规范,与城市市民或者其他农民工产生冲突,发生口角、打斗,甚至引发群体性事件。部分新生代农民工法制观念淡薄,违法乱纪,危及他人的生命和财产安全。这既破坏了农民工的整体形象,也影响了他人的合法权益及城市的和谐。思想政治教育具有明确的方向性和很强的规范性,对新生代农民工进行思想教育,可以规范他们的日常行为,使他们与市民和谐相处,成为遵守城市公共秩序、守法的公民。

---

① 张耀灿,郑永廷,吴潜涛,等. 现代思想政治教育学 [M]. 北京:人民出版社,2006:175.
② 曾思康,蓝淑华. 新生代农民工思想政治教育新途径探析 [J]. 重庆邮电大学学报 (社会科学版),2012 (1):48-51,90.

以上几个方面,既展现了新生代农民工思想教育的个体价值,也说明了思想教育能够引导新生代农民工的观念变迁。

二、新生代农民工思想教育的社会价值

新生代农民工在我国工业化和城市化进程中发挥着重要作用,对新生代农民工进行思想教育,不仅对于引导新生代农民工的观念变迁、推进其城市融入和市民化具有多方面的个体价值,还具有重要的社会价值。

(一) 社会稳定价值

稳定是社会发展的前提,只有坚定不移地维护稳定,才能为改革发展创造有利的环境;保持社会安定有序,也是构建社会主义和谐社会、全面建成社会主义现代化强国的内在要求。在美国著名的政治学者亨廷顿看来,现代性虽然能够带来稳定,但现代化也可能引起动乱,"不仅社会和经济现代化产生政治动乱,而且动乱的程度还与现代化的速度有关"[①]。"中国的现代化进程是在一种高速跳跃或者说是挤压状态中展开的"[②],短短几十年的时间里就完成了西方国家当初花费几百年才走完的现代化历程。改革开放以来,我国经济社会迅速发展的同时,还存在某些影响社会稳定的因素和人群,迫切需要维护社会稳定。

众所周知,我国有限的土地资源根本容纳不了全部的农村劳动

---

① [美] 塞缪尔·P. 亨廷顿. 变化社会中的政治秩序 [M]. 王冠华,刘为,等译. 上海: 上海人民出版社, 2008: 37.
② 刘秉元. 新时期我国道德教育的路向选择 [J]. 当代教育科学, 2010 (19): 6-10.

力，如果把所有农民都禁锢在家乡土地上，禁止他们向城市转移，农村将难以承载，遑论发展，稳定都成问题。从这个角度说，新生代农民工转移到城市，对农村而言，本身就具有社会稳定的意义。新生代农民工兼具青年和农民工的双重身份，来到城市后，他们成为城市和谐稳定与否的一支举足轻重的力量。如果说老一代农民工，特别是其中的第一代农民工进城之初，还能将礼让等传统的农村观念带入城市，并将在城市的经济状况与其过去在农村的经济状况进行比较，从而产生一种相对有所收获的感觉，因而表现得比较顺从，生活中安分守己，那么，新生代农民工受到农村传统文化的影响较小，部分新生代农民工在城市环境中长大并接受城市人的目标，他们对生活满意度的参照主要是城市居民的生活，城镇化、教育和日益发达的大众传播媒介给他们带来了新的生活方式、新的行乐标准和获得满足的新天地，城市的新鲜事物也给他们带来了新的渴望，提高了他们的需求标准。新生代农民工不像老一代农民工那样满足于地理空间上的横向移动，而是要求在地位上垂直上升，像城市人一样体面地生活。然而，囿于城市发展水平和承载力，短期内城市社会还不能满足新生代农民工的这些新要求、新渴望，城市中现存的某些制度也阻碍着他们梦想的实现。结果，便会在渴望和失望之间、需要的形成和需要的满足之间、梦想与现实之间出现差距。这一差距造成新生代农民工的颓废和不满，并在个别人身上发展为反社会心理。这种心理倾向发展到一定程度就会外化为反社会行为[1]，

---

[1] 陈俊. 社会管理创新视阈下的新生代农民工思想政治教育研究 [J]. 理论导刊, 2013 (5): 80-83.

少数人会违法犯罪。2011年2月,中国社科院发布的《中国法治蓝皮书》称,2010年我国新生代农民工犯罪案件约占全国城市刑事案件的1/3。① 这扰乱了城市正常秩序,为社会增添了不稳定因素。

思想政治教育具有和谐社会的构建价值②,对新生代农民工进行思想政治教育,本身就体现了对他们的人文关怀,也对城市社会的和谐稳定具有重要意义。首先,思想政治教育具有导向功能,对新生代农民工进行思想教育,有利于凝聚共识,认同党的领导和中国特色社会主义事业,从而增强社会的凝聚力和向心力。其次,思想政治教育具有育人功能,对新生代农民工进行思想教育,有利于提高他们的思想道德素质,这决定了他们会以怎样的情绪态度、价值观念和道德水平参与到城市生活中,这成为关系城市社会和谐稳定的一个重要因素。③ 同时,开展思想教育也能够帮助他们掌握在城市生活所需要的社会规范和行为准则,培养他们的诚信意识及和谐观念,这有利于规范他们的行为,协调他们与市民的关系。最后,通过宣传教育、沟通协调、人文关怀和心理疏导,也可以引导新生代农民工从我国正处于并将长期处于社会主义初级阶段这一基本国情出发,以全面的、辩证的、发展的眼光看待发展中的当代社会,正确认识当前我国社会出现的诸如城乡差距、贫富差距等问题,树立正确的世界观、人生观和价值观,坚定中国特色社会主义信念,既不被局部的社会问题蒙蔽了双眼,也不对暂时的困难灰心丧气,亦

---

① 靳高风.2010年中国犯罪形势分析及2011年预测[M]//李林.中国法治发展报告No.9.北京:社会科学文献出版社,2011:153.
② 张耀灿,郑永廷,吴潜涛,等.现代思想政治教育学[M].北京:人民出版社,2006:185.
③ 吴蕾.新生代农民工思想道德问题与对策研究[D].金华:浙江师范大学,2012.

不为眼前的个人利益斤斤计较，这显然有利于社会的和谐稳定。

(二) 社会发展价值

1. 对城市发展的价值

农民工是我国工业化和城市化进程的产物。2004年，"中央一号文件"就明确指出，"进城就业的农村劳动力已经成为产业工人的重要组成部分"。这不仅承认了"农民工"的工人阶级属性，而且表明了"农民工"在工人阶级中的重要地位。包括新生代农民工在内的全体农民工对城市发展的贡献有目共睹，毋庸置疑。改革开放以来，一代又一代农民工通过自己的辛勤劳动，为我国城市化和工业化做出了巨大贡献，创造了难以估量的财富，提供了各种服务。农村剩余劳动力的转移成为中国经济持续增长的原动力。[1] 许林详细论证了农民工进城务工对流入地经济发展、劳动就业、社会结构和社会管理的影响。他认为，农民工进城后，对城市经济的发展具有巨大的推动作用[2]：一是促进了城市经济的直接增长，二是推动了城市基础设施建设，三是扩大了城市的消费市场，四是带动了城市产业结构调整。

新生代农民工思想教育对城市经济发展具有重要价值。这是因为：从人与经济的关系来看，人是经济活动的主体，具有一定的思想意识，他们的经济行为受到思想意识的支配；从思想政治教育与

---

[1] 陈怡男，刘鸿渊. 农民工市民化现实困境与制度环境建设研究 [J]. 求实，2013 (7)：45-49.
[2] 许林. 湖北新生代农民工市民化的政策与体制研究 [M]. 武汉：中国地质大学出版社，2011：144.

生产力诸要素中最活跃的要素——劳动者的关系分析,劳动者必须是具有一定综合素质的人,其中包括思想道德素质,而思想政治教育的目的就是提高人的思想政治素质,促进人的全面发展。因而,思想政治教育虽然属于精神范畴,但也具有经济价值。[①] 对新生代农民工开展思想教育,能够推动城市经济的发展。首先,对新生代农民工开展思想教育,可以为城市经济的发展提供精神动力和智力支持。开展思想政治教育,不仅可以提高新生代农民工的思想道德素质,还可以教育他们——他们的劳动不仅是为了满足个人的生存和发展需要,还具有崇高的社会价值,即为中国特色社会主义事业而奋斗。这有利于激发他们的活力,调动他们劳动的积极性和创造性,促使他们以积极进取、乐观向上的精神投身到社会主义建设之中。其次,对新生代农民工开展思想教育,可以帮助新生代农民工清除头脑中留存的不合时宜的旧思想、旧观念,这有利于创造城市经济,发展良好的精神环境和社会风气。最后,对新生代农民工开展思想教育,可以增强新生代农民工的竞争意识、效益观念和纪律性,从而推动城市社会经济的发展和全面进步。

2. 对农村发展的价值

以农村为参照物,新生代农民工生活面向主要是向外的,一方面,城市是他们工作和生活的主要场域,他们在城市获得经济收入、实现自己的人生价值。另一方面,由于新生代农民工大多生长于农村,并且仍然有长辈生活在农村,因而,他们和家乡农村仍然保持

[①] 张耀灿,郑永廷,吴潜涛,等. 现代思想政治教育学 [M]. 北京:人民出版社,2006:177.

某些联系：他们中的部分人会在家乡建新房、结婚生子；他们也会向家乡汇款，为农村发展注入仅依靠农业无法积累的资金；春节的时候他们中的多数人会回家乡看看，为农村带回了城市文明、卫生、法律和现代文化；外面经济不景气的时候，他们会暂时在农村生活一段时间，参与农业生产和新农村建设；受家乡政府的支持和鼓励，部分新生代农民工会返乡创业。通过这样一些方式，他们推动着农村的发展。在这些情况下，新生代农民工思想教育对农村发展的价值得以体现，下面以新生代农民工在家乡建房为例进行说明。

很久以来，传统中国农民有三大生活目标：吃饱肚子、盖房子和娶媳妇。对于新生代农民工群体而言，当前第一个目标早已实现，但建房和结婚仍然是部分新生代农民工面临的、关联在一起的人生阶段性目标。结婚需要新房，但面对城市高昂的房价，即便想在城市安家，很多人也只能望"房"兴叹，因而，在家乡建房便成为众多新生代农民工的现实选择。进一步分析，新生代农民工在农村盖房既是一种现实需要，也是一种证明他们能力、体现他们个人价值的手段，他们希冀借此在村中挣得脸面，保持自尊。透析新生代农民工在家乡建房事件，可以看出思想教育的价值。部分新生代农民工在家乡建房的背后，存在一种"面子"逻辑和"攀比"心理。在消费主义、享乐主义的影响下，他们倾其所有，把自己多年打工所得连同家庭其他收入，用在建房方面。其结果是，房子越盖越好、越盖越高，哪怕是常年在外打工的三口之家，仍执意在农村盖三层楼房，即便将来一楼仅存放杂物、三楼空无一物。这实在是一种浪费。通过开展思想教育，教育新生代农民工要量力而行、勤俭节约，不要把"建好房子"作为自己人生全部的意义,可以把资金用在其他更有意义的方面。

与留守农民相比,新生代农民工综合素质相对较高,可以成为推动农村发展的重要人力资源。对新生代农民工开展思想教育,还能够加强他们与家乡的感情,鼓励他们通过各种方式为家乡发展和乡村振兴做出贡献。

第二节 新生代农民工思想教育工作面临的现实困境

如前所述,对新生代农民工进行思想教育,无论对于新生代农民工自身,还是对于城乡社会,都具有重要价值。新生代农民工的思想现状和观念变迁状况,也要求对新生代农民工进行思想教育。从现实情况看,新生代农民工思想教育工作还面临某些困境。

一、从政策角度看

新生代农民工思想教育的政策不足。近年来,我国政府非常关注农民工问题,为了推动农民工市民化,政府不断深化改革,制定一系列政策,如农民工培训政策、社会保险和住房保障政策、子女教育政策、返乡创业政策等。这些政策对于解决新生代农民工城市融入进程中面临的现实困难,加快推动这一群体的市民化,具有重要意义。梳理这些政策,我们发现已有的农民工政策还存在以下两点有待改进之处:第一,从政策的针对性分析,目前的农民工政策是基于农民工整体制定的，对新生代农民工群体而言，现有政策的针对性不足。第二，从政策所关注的主要内容分析，已有政策涉及多方面的内容，包括农民工就业创业、技能培训、社会保障、工资拖欠治理、心理疏导、法律援助等，对于农民工的思想状况，特别是对于新生代农民工的思想状况关注较少，缺乏明确的、系统的思想教育政策措施。

二、从教育机构和教育者角度看

新生代农民工思想教育机构缺乏、教育者欠缺，一般而言，对某一群体开展思想教育，需要有明确的组织机构、一定数量的教育者。譬如，大学生思想政治教育，政府部门有相应的管理机构，高校也设有马克思主义学院或思政部专门负责，并配有一支专业的、高素质的教师队伍。对新生代农民工群体而言，当前并没有专门机构负责他们的思想教育工作，更缺乏专业的教师队伍对他们进行系统的思想教育。从政府层面而言，虽然很多省市都设有农民工工作处或者农民工办，但由于认识所限、人员所限、精力所限、经费所限，他们的工作职责主要还是了解本地农民工基本状况、维护农民工权益、制定或落实农民工政策，对于农民工思想问题，还缺乏足够关注。从城市社区层面而言，当前新生代农民工生活和工作的主要场域是城市，日常生活中他们接触最多的组织机构是居住地城市社区。一方面，由于很多新生代农民工租住在城市郊区或城中村，部分新生代农民工流动性较强，经常更换住所，甚至居无定所，这导致城市社区难以完全把他们纳入社区管理和服务体系。把辖区内的新生代农民工集中起来开展活动尚且困难重重,更遑论对他们进行经常性的思想教育。另一方面,由于历史上城乡分割的二元户籍制度的长期影响,某些社区工作人员把社区看作是城市人的社区、只为城市人服务的社区,而把农民工看作"打工仔""外来妹",对农民工群体重管理、轻服务,不愿为农民工开展活动,也缺乏思想教育的意识。从企业层面而言,经济效益是企业追求的目标,许多雇用农民工的民营企业,特别是小微企业,对员工的要求更多倾向于职业技能方面,对员工的培训主要是技能培训,没有涉及思想观念方面。虽然近年来也有部分企业对农民工进行心理疏导,但对农民工思想教育工作重视不够,很少有企业主动对农民工进行专门的思想教育。

三、从新生代农民工自身看

新生代农民工流动性较强,部分人不重视自身道德素质的提升,是新生代农民工思想教育面临的另一大困境。

从现实情况看,如前面章节所述,一些新生代农民工的工作稳定性较差,部分人跳槽频率较高,常常像候鸟一样从一个城市飞到另一个城市。有的新生代农民工春节后刚进城没几个月,就因种种原因回农村生活一段时间,然后再出去找工作;在新的工作岗位工作不久,他们又心生厌烦,或抱怨工作太累、工资太低,进而辞职不干。现实生活中,有的新生代农民工一年内甚至更换多个工作。近两年,新冠疫情也对农民工的就业产生一定影响。从居住状况分析,部分新生代农民工在城市居无定所,或者经常更换住所,他们如蒲公英般漂泊在陌生的城市。这种状况下，很难像对待大学生那样，把他们聚在一起进行思想教育。

从对道德的认知和态度来看，部分新生代农民工还没有正确认识到道德对个人、对社会的重要意义，日常生活中他们比较重视个人利益，忽视集体利益，没有深刻认识到道德的价值，接受思想教育的主动性、积极性不足。研究发现，由于市场经济大潮的冲击、功利主义思潮的影响，当前新生代农民工生活方式世俗化、价值取向功利化倾向较为明显。[①] 一些新生代农民工只关注当下现实，缺乏远大理想和崇高信念；部分新生代农民工贪图物质享受，陷入拜金主义泥潭；有些新生代农民工重视技能培训，却忽视道德涵养。调查中，个别新生代农民工甚至对道德不屑一顾，反问"道德多少钱一斤""道德能给我带来多少金钱"。以上这些，折射出当前部分新生代农民工精神贫困、"三观"扭曲、道德滑坡。错误的道德观导致他们在日常生活中接受思想教育的内在动力不足，不愿通过思想教育提高自身的思想道德素质。

综上，一方面，思想教育对于引导新生代农民工的观念变迁，提高他们的思想政治素质，推进他们的城市融入和市民化，具有重要价值；另一方面，新生代农民工思想教育工作开展不够，还面临困境。突破这些困境，需要加强对新生代农民工的思想教育，这正是第五章要讨论的内容。

---

① 房彬. 城市融入进程中新生代农民工的观念变迁：基于文化接触理论视角的分析 [J]. 兰州学刊，2014（7）：99-103，138.

第五章　新生代农民工思想教育路径

　　新生代农民工观念变迁的现状及其呈现的特点，要求对新生代农民工的观念变迁进行引导，以发展其积极因素，摒弃消极因素，消解价值冲突，推进新生代农民工健康成长，促进其城市融入和市民化。从现实情况看，思想问题是当前新生代农民工市民化进程中面临的问题之一，新生代农民工思想状况如何，也影响他们市民化的进程和效果。从这个意义而言，有必要加强新生代农民工思想教育。第四章已经阐述，思想教育是引导新生代农民工观念变迁的重要途径，加强新生代农民工思想教育，对于引导新生代农民工观念变迁、提升他们的思想道德素质、推进其城市融入和市民化等，都具有重要价值。本章，笔者主要利用思想政治教育环境论和载体论，并结合隐性思想政治教育理论，探讨新生代农民工思想教育路径。

第一节 营造良好的思想教育环境

马克思主义认为，人总是生活在一定的社会之中，社会环境对人的发展有着重要影响，社会的政治制度、文化传统也影响和制约着人们的思想道德状况。基于此，笔者认为可以通过营造良好的环境，利用环境的熏陶和影响，对新生代农民工进行隐性思想教育。

一、深化制度改革，创设良好的制度环境

我们要看到，当前某些制度还影响到农民工的乡—城流动和进城落户。深化制度改革，破除制度藩篱，不仅是推进新生代农民工市民化的必要措施和重要条件，制度改革本身还相当于一种隐性的思想教育，有利于增强教育的说服力和实效性。须知，在一个不公平的、阻碍农民工正常流动的制度环境下，很难对他们进行思想教育，即便勉强开展，也难以取得良好效果。当前，深化制度改革，一是要加快推进户籍制度改革，为新生代农民工提供公平公正的外在环境。对于我国过去长期施行的城乡二元户籍制度，学术界已经有诸多评价。武汉大学刘传江等人的观点比较具有代表性，他们认为，户籍制度虽然在特殊的历史时期发挥了一定作用，但弊端显而易见，不利于我国农村人口城市化，阻碍了农民工进入城市。[①] 过去

---

① 刘传江，程建林，董延芳. 中国第二代农民工研究 [M]. 济南：山东人民出版社，2009：136.

实行的城乡二元户籍制度对农民明显不公平，同为中国公民，拥有农业户口的"农民"与拥有非农业户口的"城市人"却享有不同的权利和待遇。如果在这样一种有失公平的制度环境下，对比较注重个人权益、具有平等意识的新生代农民工进行公平观教育，只会引起他们的反感，教育效果可想而知。当前，必须深入推动户籍制度改革，让包括新生代农民工在内的全体农民工，在户籍制度改革中了解制度的公正、感受政府为此进行的努力，这比对他们进行抽象的思想教育效果更好。二是深化社会保障制度改革，把农民工纳入城市社会保障体系，保障农民工在城市享有劳动就业、子女教育、社会救助等权利。这既有利于消除新生代农民工进城务工的后顾之忧，促进他们的城市融入和市民化，也有利于他们感知政策的公平、感受城市的温暖，激发他们对社会、对国家、对城市的热爱之情。

二、发挥社区功能，创造良好的生活环境

城市社区具有多重功能，随着现代社会的发展，社区不断成熟完善，我们可以动员社区的力量，对新生代农民工进行思想教育。从主体角度分析，这有利于破除教育者缺失的困境，增强思想教育的主体力量；从环境角度分析，这有利于为新生代农民工创造一个良好的生活环境，使他们感受到城市的温暖和市民对他们的关爱。为此，城市社区工作人员要摒弃"农民工只是外来人员""社区只是城市人的社区""社区只为城市人服务"这些计划经济时代遗留下来的、具有严重排外倾向的错误观念，充分认识改革开放以来我国农民工群体通过他们勤劳的双手，对我国城市的发展以及工业化建设做出的贡献，把农民工视为新市民，为他们提供基本公共服务，向他们宣扬农民工政策和城市行为规范，引导他们做遵纪守法、爱岗敬业的好市民。社区工作人员还要到居住在本社区的农民工群体中进行调查走访，倾听他们的呼声，把他们的现实困难和利益诉求及时反映给地方政府，以便尽早解决问题，把矛盾化解在基层。社区工作人员还可以利用节假日或周末时间，邀请比较活跃的新生代农民工和社区居民一起开展丰富多彩的活动，增强市民和农民工之间的了解和互信，提高新生代农民工的城市归属感，激发他们对城市的热爱及其对美好生活的向往。

三、引导媒体报道，构建良好的舆论环境

如前所述，与老一代农民工相比，新生代农民工拥有较高的文化素质。他们大多完成了初中学业，一部分人接受了高中教育或者中等职业教育，甚至高等教育。与崇尚节俭的老一代农民工的生活方式不同，新生代农民工"更为注重对物质与精神的追求"[①]。他们对精神文化的需求相对较高，工作之余会浏览新闻或者收看电视节目，关注时事，价值观受媒体影响，这就要求为他们构建良好的舆论环境。首先，在报道对象的选择上，新闻媒体要对这些为城市的发展做出重大贡献、生活在城市底层的农民工群体给予必要的关注，对他们在城市生活中遇到的就业、子女教育、社会保障等困难进行报道。报道本身就体现出对农民工的关怀，还有利于增强城市市民

---

① 张敏. 新生代农民工科技素质现状及培养路径选择[J]. 中国青年研究, 2016 (2): 99-103, 107.

对农民工的了解，形成关爱农民工的舆论氛围。其次，在报道内容的选取上，要突出正能量，积极报道农民工群体对城市的发展做出的贡献，大力宣传农民工群体中的好人好事，反映农民工群体身上的优点，借以增强新生代农民工的自尊心和自豪感，纠正部分市民对农民工群体的认知偏见，提高城市市民对农民工群体的心理认同和情感接纳度。再次，加大政策宣传力度，让新生代农民工知晓当前政府为他们付出的辛勤努力、制定的政策措施、开展的系列活动，让他们通过新闻媒体了解政府和市民对他们的关心和关爱，以澄清部分农民工头脑中存在的"政府对我们不管不问"的认知误区，纠正部分农民工以为的"城市人对我们都有歧视"的错误偏见。最后，尊重农民工的话语权，为他们表达利益诉求提供平台，并引导他们正确表达诉求。

第二节 搭建思想教育载体

鉴于新生代农民工具有很强的流动性，有人认为，对这一群体进行思想教育无从下手、难以开展。笔者认为，这种观点是不正确的。现实中不需要也不可能专门组建一支专业的教师队伍，对他们进行面对面的思想教育，实践中可以通过搭建载体达到教育的目的。这是因为，载体至少具有以下三大功能：第一，承载和传导功能，载体能够承载并向新生代农民工群体传导思想教育的内容和信息，如政治观点、基本道德规范、核心价值观等；第二，蕴含功能，载体本身可以蕴含、渗透思想教育的内容；第三，导向和涵养功能，通过精心设计和反复运用，载体可以为新生代农民工提供价值导向和行动指南，指引并推动着他们形成良好的道德品质和行为习惯。

一、搭建丰富多彩的文化载体

开展文化活动，将思想教育内容渗透到文化建设和各类文化活动之中，这既可以满足新生代农民工不断增长的精神文化需求，让他们共享文化发展成果，又可以潜移默化地影响他们的思想和行为。不仅如此，由于文化活动具有生动形象、形式多样等特点，搭建文化载体也可以增强思想教育的吸引力和感染力。近年来，很多地方政府已经有意识地针对农民工开展文化活动，这为把思想教育内容融入文化活动之中提供了可能。如湖南省2013年举办了"情系农民工 文艺送春风"文化活动；青岛市文广新局2014年主办了"情系新市民"农民工文化流动服务活动，包括为农民工送演出、送展览、送电影，为农民工举办文化讲座、培训等；合肥市举办农民工艺术节、农民工歌唱比赛、"一份月饼一份情"等活动。这些活动受到当地农民工的欢迎。除了政府组织文化活动外，还可以鼓励雇用农民工的企业积极发展企业文化，利用业余时间，特别是利用节假日，对农民工群体，尤其是吸收那些比较活跃的、具有文艺特长的新生代农民工，开展形式多样的文化活动。这不仅有利于增强企业的感召力和凝聚力，提高农民工的向心力和工作热情，激励农民工爱岗敬业、为企业的发展共同奋斗，还有利于提高农民工的思想道德素质。

二、创造多种形式的活动载体

针对包括新生代农民工在内的农民工群体开展活动,并在活动中融入思想教育,进行价值观引导,使他们在活动中受到教育,提高思想政治素质。譬如,政府可以在农民工比较集中的省份和城市,开展评选优秀农民工活动。对于那些工作积极、为企业和当地发展做出突出贡献,或者曾经见义勇为、在道德方面有突出表现的优秀农民工,给予精神嘉奖和一定的物质奖励,并在媒体上积极宣传他们的先进事迹,号召并鼓励其他农民工以这些优秀农民工为榜样,向他们学习。如安徽省总工会2015年曾开展寻找"最美农民工"活动,最终评选出10名"最美农民工",并颁发"五一劳动奖章",这极大地鼓舞和振奋了全省农民工群体的精神。还可以鼓励城市社区人员利用节假日,把城市人和新生代农民工组织起来,共同开展联谊活动,以增强双方的了解和互信。另外,支持和引导公益组织和大学生志愿团队,针对农民工,特别是生活有困难的农民工,开展慰问、联谊、帮扶活动,帮助他们解决困难,让他们感知美好,形成团结互助的良好氛围。

三、利用网络载体

所谓的网络载体,即以网络为载体,向人们传播思想政治教育的内容和信息。当前,我国网民数量众多,网络对人们的日常生活和价值观念产生重要影响。就新生代农民工群体而言,以手机为代表的新媒介正在渗透他们的日常生活。① 他们普遍拥有一部能随时随地上网的智能手机，部分新生代农民工购置了笔记本电脑，这为新生代农民工群体利用网络了解时事、交流信息、表达诉求、反映问题提供了便利条件。工作之余，他们或者上网浏览新闻、在网络论坛上发帖，或者利用微信、QQ、陌陌等即时聊天工具与朋友们交流。这既为新生代农民工的思想教育工作带来挑战，也提供了机遇。我们需要重视网络的作用，积极利用网络载体对他们进行思想教育。第一，加强正面宣传，在网络上大力宣扬生活中的好人好事，宣传我国现代化建设取得的巨大成就，让新生代农民工心中充满正能量，爱生活、爱社会、爱祖国。第二，引导新生代农民工正确利用网络平台反映诉求，同时，政府有关部门要通过网络了解新生代农民工的愿望，听取他们提出的建设性意见，回应他们的现实关切，为他们答疑解惑。第三，贯彻落实习近平总书记于2016年4月19日在网络安全和信息化工作座谈会上的讲话精神，加强网络舆论引导和网络空间治理，帮助新生代农民工树立正确认识，廓清模糊认识，纠正错误认识，严厉打击利用网络空间进行违法乱纪的错误言行。

四、创新管理载体

新生代农民工离开家乡农村，来到现代城市，脱离了乡规村约的束缚，但无论在城市从事何种工作，新生代农民工总是处于某种管理之下，这为创新管理载体对他们进行思想教育提供了可能。首

---

① 张波. 新媒介消费与情感适应：新生代农民工城市融入研究［J］. 西北农林科技大学学报（社会科学版），2016（1）：7-13.

先，管理者要有对新生代农民工进行思想教育的意识。这种教育主要是隐性的，一句体贴的话语、一个小小的帮助，都可以让他们感知社会的温暖，受到教育。其次，管理者要树立现代管理理念。一是树立"以人为本"理念，在管理过程中尊重农民工的主观感受，倾听农民工的呼声，保障他们的正当权利；二是树立"管理即是服务"理念，对新生代农民工坚持管理和服务并重，把管理寓于服务之中，在管理中渗透服务，为他们提供就业、讨薪等方面的服务，让他们在管理和服务中体会到温暖。再次，发挥党团组织和工会的作用。在农民工人数比较多的单位，可以建立农民工流动团支部，甚至考虑建立流动党支部或党小组，鼓励新生代农民工加入工会，把他们纳入党团组织和工会组织管理，为他们提供必要的服务。这样，既可以增强新生代农民工的组织性和纪律性，更好地维护他们的合法权益，又有利于消解他们的"浮萍心态"和"过客心理"，培养他们的团队意识和合作精神，提高他们对城市的归属感。最后，鼓励和引导新生代农民工自我管理、自我约束，使他们在参与管理中自我教育，通过各种途径提高个人的道德修养。

第三节 与解决现实问题相结合

思想教育要与解决现实问题相结合，这是思想教育的一项重要原则，也是思想教育取得效果的保证。笔者认为，解决新生代农民工面临的现实问题，要实施"四大工程"。

一、实施农民工关爱工程

(一) 开展多样活动

对农民工的关爱情况可以从活动中体现出来。笔者调查发现，农民工参加打工所在地政府、社区或社会组织专门为他们组织的活动较少，部分农民工甚至一次也没有参加过专门为他们组织的活动。为此，要坚持文化先行。针对农民工群体，尤其是对那些较为活跃、具有文艺特长的新生代农民工，开展形式多样的文化活动。鼓励开展"寻找最美农民工"活动，对于那些工作积极、为当地发展作出突出贡献，或见义勇为、道德品质良好的优秀农民工，给予嘉奖。支持农民工输出大市开展春节前夕"接农民工回家"活动，让农民工感受家乡的温暖，关心、支持家乡发展。

(二) 加强人文关怀和心理疏导

2018年笔者的一次调查发现，农民工中接受过一次及以上新市民培训、节日慰问或心理疏导的占被调查总人数的16.9%，其中有三次及以上的占被调查总人数的3.07%，有两次的占被调查总人数的4.89%，有一次的占被调查总人数的8.94%，而没有享受过的占被调查总人数的83.1%。这表明，对农民工的慰问和关怀还不够。为此，第一，今后制定农民工政策时，可专门增加农民工思想教育和心理疏导方面的政策；第二，积极发挥城市社区和企业的作用，提升农民工融入城市的能力和法治观念，通过社区教育和企业文化熏陶引导他们树立良好的道德观和法治观；第三，动员基层理论宣讲者针对农民工开展宣讲，鼓励心理咨询师为农民工开展公益性的心理咨询和调适活动。

二、实施农民工服务提升工程

（一）农民工服务现状

2014年9月30日，国务院颁布《关于进一步做好为农民工服务工作的意见》（国发〔2014〕40号），各地积极落实，进一步做好农民工服务工作。但从调查情况看，农民工服务供给总量还不足，农民工也认为为他们提供的服务不多，与农民工的期望还有距离。2018年，笔者开展调查问卷询问"近三年你家乡地方政府为你提供过打工方面的服务吗？比如提供就业信息、提供技能培训、春节接你回家等"时，调查对象回答有三次及以上的占被调查总人数的8.24%，有两次的占被调查总人数的6.84%，有一次的占被调查总人数的7.96%，没有享受过这些服务的农民工占76.96%。问卷询问"近三年你打工所在地政府为你提供过服务吗？比如，为你提供就业信息、帮助解决子女入学问题、提供卫生计生服务、提供法律援助、帮助解决拖欠工资等"时，调查对象回答有三次及以上的占被调查总人数的7.96%，有两次的占被调查总人数的7.54%，有一次的占被调查总人数的13.83%，一次也没有享受过的占全部调查对象的70.67%。对于以上调查结果，我们要辩证分析。以上调查数据一方面说明政府为农民工提供的服务总量还不够，需要加强；另一方面我们还要看到，农民工对政府为他们提供的服务认知有偏差。政府提供的服务许多是普惠式的，是面向整个农民工群体的，有些服务是间接的、隐性化的，农民工不一定能直接感受到。没有直接感受到，很多农民工就认为政府没有为他们提供服务。这种认知，虽并不完全符合实际情况，但也反映了农民工服务需要提升的现实。

(二) 实施农民工服务提升工程的对策建议

1. 建立、完善农民工服务中心和服务平台

建立线下和线上相结合、类型多样的农民工综合服务中心或服务平台。在农民工输入较多的城市，建立农民工综合服务中心或农民工工作站。选聘长期在当地打工、责任感较强、热心公益的农民工，担任工作站的兼职人员，负责了解在当地务工的农民工基本状况，搜集他们的合理诉求并向有关部门反映。做好返乡创业农民工创业服务平台建设。在农民工输出大市设立农民工返乡创业服务工作站，建立农民工返乡创业的"绿色通道"，加强临工集散中心的建设。长期以来，在部分农民工输入大市，自发地形成若干临工集散地，如在安徽省合肥市的临泉路与站塘路交口、铜陵路与淝河路交口等地，每天都聚集大量寻找临时工作的农民工。调查发现，这些集散地多是自发形成的，缺乏必要的基础设施，甚至在附近连厕所也没有，不方便农民工找工作。建议加强临工集散地基础设施建设，为前来寻找工作的零散农民工提供温暖的就业港湾。

2. 保障农民工平等享受城镇基本公共服务

深化改革户籍制度和基本公共服务提供机制，督促城区常住人

口300万人以下城市全面取消落户限制，推动城区常住人口300万人以上城市基本取消重点人群落户限制，促进农业转移人口等非户籍人口在城市便捷落户。鼓励各城市政府简化户籍迁移手续，加强落户政策宣传，开通线上申请审核系统，提高落户便利性。推动城镇基本公共服务覆盖未落户常住人口，提高居住证发证量和含金量，推动未落户常住人口逐步享有与户籍人口同等的城镇基本公共服务。加快养老保险全国统筹进度，完善基本医疗保险跨省异地就医医疗费用直接结算制度，做好社会保险关系转移接续，方便人口流动。积极落实把在城镇稳定就业的农民工纳入现行城镇社会保险的制度，建立与农民工实际情况相适应、与城镇职工社会保险相对应的农民工社保缴费制度，适度降低社会保险缴费基数，加大宣传力度，使农民工愿意参保、积极参保。增加学位供给，健全以居住证为主要依据的随迁子女入学入园政策，使其在流入地享有普惠性学前教育。以解决新市民住房问题为主要出发点，完善住房保障体系。适度降低准入门槛，逐步降低农民工在申请保障性住房时的工作年限、社保年限等方面要求，让更多农民工，特别是优秀农民工能够享受保障性住房福利。加强农民工公寓建设规模，通过对社会闲置住房、低档旅馆的改造完善，增加农民工保障房供给数量。① 鼓励企业（或园区）为农民工提供集体宿舍，鼓励社会机构为农民工提供廉价宿舍。② 超前谋划年龄在60周岁以上、已回乡种田、生活有困难的老一代农民工的养老难题。

---

① 陈彩娟. 杭州完善农民工住房保障制度研究 [J]. 杭州学刊, 2018 (2)：114-124.
② 张泓铭. 解决农民工住房问题的一些基本设想 [J]. 华东师范大学学报（哲学社会科学版），2016 (6)：141-144, 168-169.

案例:"95后"农民工苏州落户记①

江南酷暑,热浪蒸腾。步入江苏省苏州市吴中区城南街道便民服务中心,一阵清爽感扑面而来。占地约500平方米的大厅宽敞明亮,9个柜台式服务窗口前,市民有序排队、咨询、办事,墙上的电子显示屏滚动播放着便民信息和叫号提醒。

来苏州务工多年的罗莉难掩期待之情,小心翼翼地将身份证、户口簿、积分入户准入卡、不动产权证书等落户材料交给工作人员,静静等待审核。

伴随着红色印章落下的清脆嗒嗒声,罗莉如释重负。"出门前还担心材料不齐,没想到5分钟就办妥了。"罗莉说,从这一刻起,自己算是真正在苏州扎下了根。

罗莉,1995年出生于四川省宜宾市的偏远山区,全家世代务农,她是家族中第一个尝试走出深山的人。

2012年,中专毕业的罗莉背起行囊,搭乘东行的列车,只身来到苏州闯荡。

干餐饮、站前台、做后勤……"川妹子"罗莉爽朗干练,很快便适应城市的工作氛围和生活节奏。眼下,她在一家企业从事财务工作,日子逐渐有了起色。

在朋友眼中,罗莉是一名"老苏州"。在当地生活了8年多,她对这座城市的"脾气"和"味道"了然于胸。但在罗莉看来,自己

---

① 刘巍巍,陈圣炜. 特写:在大城市乘风破浪的底气:"95后"农民工苏州落户记 [R/OL]. (2020-08-19) [2022-06-02]. http://www.gov.cn/xinwen/2020-08/19/content_5535826.htm.

依然是个异乡人。"没户口就没有归属感,仿佛依然格格不入。"一丝落寞之情从罗莉眼中闪过。

2020年4月,国家发展改革委印发《2020年新型城镇化建设和城乡融合发展重点任务》,鼓励有条件的大城市取消进城就业5年以上和举家迁徙的农业转移人口、在城镇稳定就业生活的新生代农民工等重点人群落户限制。

在经济大市苏州,外来务工人员数量尤其庞大。苏州市公安局统计显示,该市流动人口连续多年超过800万人,大于户籍人口数量。

不能让建设者流汗又流泪。

早在2016年,苏州便探索推行积分落户制度。苏州市公安局人口管理支队四大队大队长叶伟告诉记者,相比高学历人才,农民工群体落户难度更大,积分落户制度为他们开辟了一条新通道。

为了贯彻落实国务院户籍制度改革文件精神,苏州在积分落户制度的设计上尽可能地向农民工群体倾斜,"连续居住年限"和"缴纳社保年限"在计分标准中分值占比最高,拿满分可达300分和500分。

"我通过'连续居住年限'和'缴纳社保年限',共获得了近600分。"罗莉说。加上"技能证书"积分和"社会服务"积分,积分落户不再遥不可及。

为方便流动人口及时掌握积分落户政策,苏州市推出流动人口积分管理微信公众号,定期发布各类公告、友情提示、政策解读等信息。

据叶伟介绍，该市还通过实时对接居住证、社保、公积金、志愿者等系统数据库方式，简化了居住证、社保卡、缴费清单等5项申请必要材料，以及公积金卡、献血证、志愿服务记录、健康档案等9项加分材料。"我们还免费向取得落户资格的申请人邮寄'积分入户准入卡'，让老百姓跑最少的路、花最少的时间，办好最重要的事。"

罗莉所在的城南街道位于苏州市南大门，下设15个社区、59个居民小区，户籍人口5.3万人，外来人口13万人。

为发扬"店小二"精神，当地派出所靠前服务。根据苏州市积分落户政策，长期居住的流动人口须每年更新一次居住证，方可连续积分。"南区派出所工作人员主动下沉到小区，及时提醒我们更新居住证。"罗莉说。

变革孕育新机。

在户籍制度改革的助推下，越来越多的农村年轻人选择在城市"生根发芽"。2016年以来，累计有29992人通过积分制度在苏州落户安居。今年以来，尽管面临疫情等挑战，1~7月申请积分落户苏州市区的人数依然达到4771人，较去年同期增加6%。

以上案例，反映了地方政府积极推进农民工落户、助力其转化为市民的现实。

3. 加强技能培训

如前所述，新生代农民工对知识和技能的渴求更加强烈，他们期望通过丰富的知识和较高的技能赢得一个好前途。实施服务提升工程，要顺应新生代农民工的这一需要，提升他们的技能培训意识，为他们接受技能培训提供条件和途径。2019 年 1 月，人社部印发《新生代农民工职业技能提升计划（2019—2022）》，要求加强新生代农民工职业技能培训工作，促进农民工队伍技能、素质全面提升。该计划要求，到 2022 年末，努力实现新生代农民工职业技能培训"普遍、普及、普惠"，即普遍组织新生代农民工参加职业技能培训，提高培训覆盖率；普及职业技能培训课程资源，提高培训可及性；普惠性补贴政策全面落实，提高各方主动参与培训的积极性。2020 年，人力资源社会保障部印发《农民工稳就业职业技能培训计划》，提出要深入实施职业技能提升行动，将职业技能培训作为促进农村转移劳动力就业、稳定农民工工作岗位、支持农民工返乡创业、助力贫困劳动力增收脱贫的重要抓手，面向广大农民工群体，开展大规模、广覆盖和多形式的职业技能培训。以上这些计划的提出及实施，对新生代农民工技能的提升具有重要意义。

案例：技能培训改变了新生代农民工的命运[①]

农民工侯金秀的"生命之河"，在中铁大桥局突然"拐弯"。

工地搬砖、餐馆刷盘子……10 多年前在北京"卖苦力"的侯金秀，从未想过只有初中文化的自己，能拥有 19 项革新成果和以自己名字命名的劳模工作室。

2005 年，侯金秀来到中铁大桥局集团第一工程有限公司京津城际铁路项目部，成为一名学徒电工。刚开始，面对一窍不通的电路设备和维修、施工等技术问题，他手忙脚乱。有一次，他操作机器时，还

---

① 李茂颖，高炳，范昊天. 学更多职业技能过更好生活：关注农民工新特征新变化 [J]. 安全生产与监督, 2018（8）：41-43.

差点儿引起安全事故。从此,他主动睡到了工地移动板房的门口,隔壁师傅一有动静,他马上穿戴整齐,跟着去工地干活,借机"偷偷学艺"。同时,他还参加了公司组织的农民工夜校,利用晚上的时间学习理论知识。

靠着这股学习和钻研的劲头,侯金秀逐渐成为公司的技术能手。他爱琢磨"金点子",不断地进行节材降耗的技术革新尝试,累计完成19项机电设备革新,成为施工一线的"多面手"。"是职业培训把我这块石头点成'金'。"侯金秀感慨地说。

2011年12月1日,对于侯金秀来说是个不平凡的日子。这一天,他和中铁大桥局签订了劳动合同,完成了从"临时工"到正式职工的华丽转身。后来,他又先后获得中国中铁股份有限公司"劳动模范""全国五一劳动奖章"等荣誉。

中铁大桥局有关负责人介绍,为了农民工的全面发展,公司提供农民工夜校、职工书屋等帮助他们提升技能,还经常开展职业健康、安全生产等相关领域的培训教育。通过每年开展青年创新创意大赛、职工技能大赛等活动,激发职工的发明创造灵感,助力职工成长成才。

案例:泥瓦匠邹彬的人生"逆袭"[①]

16岁随父母外出打工学砌墙,20岁取得世界技能大赛砌筑项优胜奖,22岁当选全国人大代表。泥瓦匠邹彬用7年时间实现了人生"逆袭",这7年中唯一没有改变的,是他精益求精的工匠精神。

邹彬是湖南省新化县人,他也曾是村里众多留守儿童中的一员,

---

① 谢文英. 农民工代表的"最关注"[N]. 检察日报, 2018-03-26 (5).

初中毕业后就随父母到工地打工，跟着大人们学砌墙。邹彬平时话不多，更多的时间是在思考怎样把墙砌得更漂亮。

2014年，在中建五局工地干活的邹彬，从工会组织的劳动技能竞赛中脱颖而出，这次选拔赛让他的人生轨迹出现了转折。

邹彬代表中建集团参加第43届世界技能大赛中国选拔赛，以第一名的成绩进入国家集训队。2015年，邹彬在巴西获世界技能大赛优胜奖，实现了中国在砌筑项目上零的突破。

"在参加国家集训队的时候，我才知道对砌筑工作的要求其实很严格，我就在想，如果我们对待平时的建筑工程也像对待比赛一样严格要求，效果肯定不一样。"国际大赛的经历对邹彬触动非常大，在路过工地的时候，他发现，国外的砌筑工人对工艺的要求非常严格，而且使用的工具比国内的小泥刀先进太多了。回国后，他把比赛中的质量标准和质量要求带到了现实工作中。

以上两则案例，反映了农民工接受技能培训、提高自身技能，进而改变自身命运的事实。

4. 建立农民工文化驿站

鉴于农民工，特别是新生代农民工不断增长的文化需求，支持各地在农民工集聚地、农民工用工集中区域，建立农民工文化驿站，向农民工免费开放文化资源，为农民工提供文化服务。建议在农民工输入大市设立"农民工服务日"。在这一天，鼓励政府各部门、企业、社区和社会力量，针对农民工开展各种服务活动。

案例：青年农民工有了"精神家园"①

近日，轮休的六安小伙儿杨浩来到附近的文化驿站，翻开一本《老人与海》，坐在角落里开始静静地阅读。在走廊另一头的乒乓球室，他的三五个工友正在酣畅淋漓地"切磋"球技。"之前去过不少工地，日子不算辛苦，但很乏味，到了这里才真正享受到业余文化生活的乐趣。"杨浩说的正是合肥市包河区农民工文化驿站。

总站+分站，让服务全覆盖

合肥市包河区是"安徽第一城区"，近几年集中了合肥市近一半的重大市政工程拆迁建设，集聚了约40万名农民工及产业工人。

由于建筑工地大多远离市区，农民工聚居区宛如一个个"文化孤岛"。"上班时干活，下班就睡觉、打打牌、喝喝酒"，是大多数进城打工农民的生活模式。然而，随着这个群体受教育程度的提高，尤其是"80后""90后"新生代农民工逐渐成为用工主力，农民工对精神生活的渴望日益强烈。

为了服务好这一特殊群体的文化需要，包河区把农民工公共文化服务纳入"文化强区"战略和"民生工程"，按照着重突出针对性、实效性和便利性原则，设立50万元专项启动经费，推动"农民工文化驿站"建设。

"工地虽然偏远，但工地门口的文化驿站却让我们找到了精神的家园。"杨浩深有感触地说。据悉，这些驿站建在农民工集聚地附近，如今已在该区全面铺开，构成了区、街镇、社区、工地（企业）四级

---

① 王磊，杜怀才.青年农民工有了"精神家园"：合肥市包河区探索建立农民工文化驿站[N].中国青年报，2014-12-18（7）.

服务体系。截至2014年年底，该区已经建成标准文化驿站20个，其中区文化馆建成1个总站，负责统筹协调各分站活动；在街镇一级依托镇文化站建成了淝河、大圩两座农民工文化驿站；在滨湖惠园社区、包河工业区车谷社区、包河苑建成3个社区级农民工文化驿站；在中国银行、邮政储蓄银行、京华世家建设工地建成了14个农民工文化驿站。

在建设好标准化驿站的基础上，为了适应更广范围、更高层次的农民工文化需求，包河区又协调建立"敞开大门、民工共享"的资源共享机制，引导中科大、合工大、省图书馆等20多家驻区单位的文化资源向农民工免费开放，初步搭建起"一总站+N分站+载体共享"的农民工公共文化服务全覆盖格局。

如今，文化驿站在包河区遍地开花，宛若一颗颗明珠散落在包河区大地，化为甘泉滋润着农民工兄弟的业余文化生活。

三、实施农民工权益保障强化工程

（一）压实地方政府和用工企业责任

压实属地政府责任，建立地方政府农民工权益保障责任制。把保障农民工工资支付纳入市级政府考核指标，制定考核方案，明确农民工权益保障第一责任人和直接责任人。[①] 强化企业的社会责任，用工企业要与农民工签订完备的劳动合同，保证工资及时足额发放，为农

---

① 陈仁涛，徐萌. 赋权与赋能相结合：新时代农民工政策调整的战略选择 [J]. 知与行，2018（5）：111-115.

民工缴纳社保，并组织农民工进行必要的培训，让企业发展的成果惠及包括农民工在内的全体职工。在建筑领域，抓好建设方、施工方主体责任和直接责任落实，切实加强对农民工工资支付的监督管理。严惩恶意克扣、多次拖欠农民工工资的不良企业，严格执行《拖欠农民工工资"黑名单"管理暂行办法》。

（二）完善农民工工资支付保障机制

积极"构建事前预防、事中监督、事后解决和追责惩戒机制"[1]，实施全链条监管[2]。在建设领域和容易发生拖欠工资的行业全面推广劳动合同制度，普遍建立农民工工资保证金制度、农民工工资专用账户制度、应急周转金制度、农民工实名制管理、银行代发农民工工资等。加强劳动保障监察监督，定期或不定期开展劳动用工和社保专项检查行动，加大对农民工权益情况常态化专项检查，强化企业规范用工监察力度，从工资支付、劳动监察、社会保障、安全生产等方面规范用工单位的行为。推动劳动监察"网格化、网络化"管理信息系统建设，建立农民工工资支付实时监测信息网。完善农民工维权机制，构建农民工权益维护绿色通道，优先保障农民工工资。健全农民工工伤保障体系，简化劳动争议处理程序，保障农民工利益。

（三）保障农民工的民主权利

一是积极探索流动人口在居住地参加社区居委会选举的方式方法，

---

[1] 马启飞.压实工作责任，完善长效机制，全力做好农民工工资支付工作[J].人才资源开发，2018（3）：21-23.
[2] 张彤.农民工工资支付保障机制研究：以河北省为例[J].中国劳动，2018（3）：55-61.

保障农民工的民主选举权利。在流入地社区居住一年以上，并且办理了居住证的农民工，根据其个人意愿，保障其可以参加所在社区居民委员会的选举。二是注意倾听农民工的声音，保障农民工的政策参与权。农民工的参与对于农民工政策的完善具有促进作用，不倾听农民工声音、没有农民工参与的农民工政策变革，难以真正符合农民工需求，实践中也无法得到农民工的大力配合。建议农民工输入大市在农民工群体中有代表性地聘用联络员、信息员，搜集农民工信息，倾听他们的建议，或在制定农民工政策前召开有他们参与的座谈会，听取他们的意见。

(四) 发挥工会作用

农民工是我国产业工人的组成部分，保障农民工的劳动权益是工会的职责所在。一方面，积极推动包括新生代农民工在内的农民工加入工会，使农民工通过工会表达诉求，依靠工会维护自身权益；另一方面，切实发挥好工会职能，使工会组织成为农民工权益的重要维护者。推动工会经费向基层下沉，兼顾农民工群体。督促工会维护好农民工的合法权益，帮助农民工解决现实困难，对于陷入生活困难的农民工开展帮扶救助。鼓励工会面向农民工开展文化活动，丰富农民工的精神文化生活。发挥工会的维权作用，监督用人单位及时足额发放劳动报酬、改善劳动环境、缴纳社会保险。组织开展农民工法律援助，鼓励各地建立"农民工法律援助中心"，为当地农民工群体提供法律咨询、诉讼代理等法律援助。简化农民工法律援助手续和程序，让更多农民工获得法律援助。引导和支持法律服务机构和从业人员参与农民工法律援助，多渠道筹集农民工法律援助经费。推进"法律援助进社区"活动，组织法律服务人员到农民工聚居地和社区为农民工开展法律咨询活动和法律援助。

案例：工会送岗位　情暖农民工[①]

"'五险一金'都有吗""一个月能休息几天"……2022年2月14日下午，安徽建筑农民工创业孵化园人头攒动、热闹非凡。"工会送岗位　乐业在江淮"安徽省暨合肥市总工会就业援助招聘会正在这里举行，吸引了大量的求职者前来找工作。

127家企业、11000余个就业岗位……很多招聘展台前都围满了求职者，徐峰就是其中一员。刚转了一圈，他手里就拿着一沓招聘信息表，脸上挂着微笑。"有好几家企业都不错，但是我还要再看一看、选一选。现在合肥发展得很好，为返乡农民工带来了更多家门口就业机会。"徐峰笑着说。在福建打工快十年了，今年春节回来以后，他便不想再外出，想在家门口就近就业。

求职者机会多多，企业也收获满满，"双向奔赴"的招聘会获得各方点赞。"每年节后复工，招工用人都是企业迫在眉睫的头等大事，工会在这个时间组织招聘活动，给我们下了一场'及时雨'，感谢工会组织提供这个平台！"联宝（合肥）电子科技有限公司人力资源总监何唯萍说。

据了解，合肥市各县区同步开展线下招聘会16场，组织企业617家，提供岗位25400个，吸引7300人次参加。"我们利用春节假期，

[①] 张岳. 工会送岗位　情暖农民工[N]. 安徽日报，2022-02-17（11）.

深入基层一线调研，充分了解在外务工人员意愿，全面掌握企业用工需求，广泛发布用工信息，得到了用工企业的积极响应，受到了职工群众的热烈欢迎。"合肥市总工会党组书记、副主席王兴梅说。

2月14日当天，全省16个市总工会和各县（市）总工会统一举行招聘会，芜湖、阜阳、蚌埠、六安等地同时举行现场招聘会，这是我省工会组织第一次三级联动同步开展线下招聘会活动。

"三级联动齐发力，工会送岗在江淮。""为方便我们乡镇务工人员来找工作，南陵县工会还专门安排招工专车进行接送，活动现场还有丰富多彩的文艺表演、猜灯谜、会员抢吧等活动，工会'娘家人'真的既贴心又暖心。"南陵县返乡求职者李晓星说。芜湖市人力资源市场、繁昌人力资源服务产业园、无为市城南全民健身馆、南陵县市民服务中心等招聘会现场聚集了大量求职者，330余家企业精准推送求职招聘岗位信息25000余条，为返乡务工人员顺利留芜就业牵线搭桥。

四、实施农民工转化工程

新生代农民工的未来发展前途，一是融入城市，实现市民化，这是主流；二是返乡就业创业。为此，要积极推动"两个转化"：一是推动农民工的城市融合和市民化，使其转化为新市民；二是引导农民工返乡创业，推动有返乡创业意愿的农民工转化为返乡创业者。

（一）推动农民工城市融合

农民工的城市融合状况可以从多个方面评判，其中，农民工的自我评价是一个重要维度。2018年笔者开展的一项调查发现，农民工自认为非常适应城市生活的占被调查总人数的17.04%，比较适应的占被调查总人数的32.68%，一般的占被调查总人数的41.9%，不适应城市生活的占被调查总人数的6.15%，非常不适应的占被调查总人数的2.23%。自认为非常适应与比较适应城市生活的农民工占比为49.72%，这表明农民工的城市融合在加强。以年龄为自变量，进一步分析不同年龄段的农民工城市适应和社会融合状况，可以发现，相对而言，新生代农民工比较适应城市生活。这是因为新生代农民工中的很多人，自小就跟随父母在城市上学，能较快适应城市生活、较好融入城市。

为了帮助农民工更好地融入城市，需要加强农民工融入城市方面的教育。对农民工进行市情教育，帮助他们了解打工城市的历史和现实，以激发他们对城市的热爱之情；对农民工进行城市生活常识教育，帮助他们掌握在城市生活必备的常识和行为准则，学会与城市人打交道，以促使他们早日适应城市；对农民工进行法律知识教育，帮助他们形成法治观念，知法、用法、守法，懂得使用法律维权，做遵纪守法的公民。① 引导组织理论宣讲工作者针对农民工开展宣讲活动，动员志愿者和社会工作者介入。鼓励城市图书馆等公共文化设施向农民工免费开放，支持城市社区面向农民工开展文化活动。

(二) 帮扶农民工返乡创业

返乡创业是新时代以来农民工群体出现的一个值得关注的现象。

---

① 房彬，葛红丽. 城市融入进程中新生代农民工面临的问题及对策：基于安徽省的实证分析 [J]. 中共云南省委党校学报，2015 (3)：110-113.

2018年笔者曾调查询问农民工将来的打算，想回家乡县城或乡镇打工的占被调查总人数的11.59%，想返乡创业的占被调查总人数的20.67%，想回乡当职业农民、种田的占7.82%。三者相加发现有返乡打算的农民工比例较高。内心的想法不一定付诸实践，但可以反映出农民工的态度、昭示出农民工未来的行为。基于有返乡就业创业打算的农民工比例较高，可以预见，未来返乡就业创业的农民工特别是新生代农民工数量将会持续增加。

案例：双胞胎女儿让他瞬间改变了路径[①]

2月14日，已经农历腊月二十六，路经平潭、泉州、晋江三地，辗转两天两夜的秦勇终于到达回家的最后一站——湖北恩施汽车站。舟车劳顿、一脸疲惫的他，现在最想的就是和家人团聚。

已在外漂泊了十几年，走遍了大半个中国的秦勇，干过修车、物流、推销、快递等很多工作。目前他在福建平潭打工，职业是在建筑工地上开砼泵车等特种作业车。"这个职业太脏太累，很多年轻人都不愿干，所以很缺人，工资也比较高。但我出门打工不是享福的，我得养家糊口。"现在有时月工资能有1万多元的秦勇，对收入还是比较满意的。但他却对记者说："明年不打算回去干了。"

既然能赚钱为什么不回去了？

原来，秦勇有一对双胞胎女儿已经上幼儿园了。"每一次回家都会发现女儿跟以前不一样了。以前错过了她们第一次走路、没听到她们说第一句话，现在回家会发现女儿已经会唱歌、会跳舞了。"已经

---

① 甘皙，李丰，邹倜然."远行"还是"燕归"：返乡新生代农民工的羊年憧憬[N].工人日报，2015-02-20（2）.

错过太多女儿们成长瞬间的秦勇觉得,在外赚多少钱都不重要,"能陪着孩子成长才是最大的幸福。"

过完年,他打算先回福建平潭把被拖欠的4个月工资拿回来,再向公司申请调到宜昌或者武汉等离家近、坐动车就能到的地方工作,但还是在建筑工地开特种作业车——这就是秦勇未来一年的打算。

"在外打工最痛苦的,是对家人的亏欠。"秦勇说他想明白了,"陪着女儿们一起长大才是最有价值的事情。"

案例:年轻人回乡创业[①]

5年前,90后的湖北大学生程梦醒一毕业就回到家乡,理由很简单:"我希望陪在父母身边,希望在家乡做些事情,慢慢地带着村里人有些收益。"程梦醒的家乡在湖北省孝感市应城市,村里原本家家户户都会做豆皮,随着外出打工的人越来越多,做豆皮的手艺渐渐失传了。她觉得这个传统手艺丢失了太可惜,基于家乡的传统优势,她想把豆皮做出品牌,像热干面一样推向全国。

资金、厂房、人员,一个个现实的难题摆在了程梦醒面前。"我尝试过申请大学生创业贷款,可是没有成功,最终还是省里市里扶持了2.5万元。"程梦醒切身感受到创业的艰难。她在父母的帮助下,借来了30万元启动资金。

要打造品牌,赢得口碑,必须靠质量取胜。程梦醒精挑细选原材料,坚持自然晒干工艺,坚持不加防腐剂,坚持纯手工制作。

"那时候的压力非常大,建厂房的钱、买原材料的钱、工人工资,

---

① 谢文英. 农民工代表的"最关注"[N]. 检察日报,2018-03-26(5).

还有欠下的30万元,都要靠这些豆皮了。"程梦醒说,最心酸的是过年的时候,别人来要钱,可确实没有钱还。

没有别的办法,程梦醒每天凌晨两三点就跑到集市上去占位置,向每一位顾客推销他们的豆皮产品,2万多斤豆皮就这样被她卖了出去。虽然低于成本价至少1块钱,可是程梦醒却乐在其中,因为她的豆皮赢得了很多顾客的好口碑。

豆皮的销量每年都在增长,厂房、晒场每年都在扩建,村里人对这个回乡大学生也开始刮目相看。"读书还是有用,以后也要像大姐姐一样,读大学,然后回来办厂。"程梦醒高兴地说,现在产品销路打开了,村里人对大学生创业也更理解了。希望我的厂子能够继续扩大规模,这样就可以吸引更多的年轻人回乡,就可以减少一些留守儿童和空巢老人了。

对于未来,程梦醒说要主打乡愁,"希望通过我的食品,帮助像我妈妈这样年龄的人找回小时候的味道"。

今年全国两会上,她结合自己的创业经历带来一份建议,希望政府对创业大学生在资金、场地等方方面面给予更多的政策扶持,消除大学生创业的后顾之忧,吸引和鼓励更多的年轻人返乡创业。

以上案例表明,部分新生代农民工或基于照顾家人的考虑,或基于乡村振兴的美好前景,愿意返乡就业创业。

为此,需要做好农民工返乡创业引导和帮扶工作。一是建立创业信息发布平台,传送创业政策和市场信息。结合本地实际,制定本地产业发展指导目录,丰富创业项目库,设立创业热线,接受返乡创业者咨询,引导并帮助有返乡创业打算的农民工选择适合自己的创业项目。二是做好返乡农民工创业培训工作,将农民工创业培训从诸多创业群体培训中剥离出来,开展有针对性的培训;做好农民工返乡创业帮扶工作;为返乡创业农民工提供市场信息、跟踪帮扶等服务;建立农民工返乡创业指导专家库,为返乡创业农民工提供指导。

案例:山东昌乐吸引农民工回乡创业[①]

"我的成长成才之路,多亏了昌乐县返乡农民工创业培训基地的培养、引导,更离不开工会组织的关爱和支持。"刚刚获得山东省潍坊市第四届职工创新创业大赛第四名的潍坊祥源生物科技有限公司总经理王立刚心怀感激地说。

王立刚2012年从北京回到家乡昌乐创业,先后创办潍坊祥源生物科技有限公司、昌乐县鼎航果蔬种植专业合作社和昌乐县生之道瓜菜种植专业合作社,带动当地460余人就业。其中返乡农民工155人,入社成员人均增收2万余元。他不仅被聘为创业培训基地的讲师,还被推荐评为潍坊市工友创业优秀个人,获授"富民兴潍"劳动奖章。

"昌乐在融入乡村振兴战略中,工会作为党联系职工群众的桥梁和纽带,有责任有义务参与乡村振兴,更要千方百计创造条件服务乡村振兴。"昌乐县总工会党组书记、常务副主席王永信说,做好组织建设跟进工作,沿着农业经济实体发展方向搭建起服务平台,是工会参与乡村振兴的基础保障和抓手。

昌乐县农民专业合作社联合社有成员合作社31家、农业企业2个、从业人员5000多人,并且建有昌乐县职业农民创业孵化基地和职

[①] 丛民,刘志敏,于兰. 山东昌乐吸引农民工回乡创业[N]. 工人日报,2019-12-05(6).

业农民讲习所。2018年，县总工会依托该联合社成立了昌乐县农民专业合作社工会联合会，把工会资源全方位纳入乡村振兴服务体系。随后，县总工会在创业孵化基地挂牌成立返乡农民工创业培训基地，结合讲习所的教程，为创业农民工提供教学培训、实训模拟、创业测评、项目推荐、管理指导、拓展交流、政策扶持等"一条龙"服务。王立刚既是基地孵化出来的创业典型，又是工会选树起来的模范人物。

第四节　加强社会主义核心价值观培育

新生代农民工渴望融入城市，成为新市民，但在市民化进程中，面对多变的外部世界、复杂的社会现象和未知的个人前途，部分新生代农民工出现认知上的偏差、心理上的失落、思想上的困惑和行为上的迷茫，迫切需要以社会主义核心价值观为他们纠偏、鼓气、解惑、指路。同时由于市场经济的冲击、拜金主义以及功利主义等思潮的影响，部分新生代农民工生活方式世俗化、价值取向功利化、观念变迁中存在消极因素，这需要以社会主义核心价值观予以纠正，引导他们树立正确的价值观。加强新生代农民工社会主义核心价值观培育，对于提高新生代农民工思想道德素质，帮助他们形成正确的价值观，引导观念变迁，促进他们更好更快地融入城市进而实现市民化，都具有重要意义。

社会主义核心价值观培育的逻辑起点是现实的人，由于现实中不同群体特征差异较大，培育社会主义核心价值观要考虑到不同群体的特征，以增强针对性、提高实效性。如前所述，与老一代农民工相比，新生代农民工文化素质较高，市民化意愿较强，但与当代大学生相比，新生代农民工流动性较强、稳定性较差，难以把他们集中起来通过课堂教学的方式直接进行社会主义核心价值观教育。对新生代农民工进行社会主义核心价值观培育，需要基于新生代农民工的特点，采取不同路径。

一、开展多样活动，涵养社会主义核心价值观

（一）开展文化活动

如前所述，身在城市，工作之余，新生代农民工有精神文化需求。面向新生代农民工开展丰富多彩的文化活动，不仅有利于维护农民工文化权益，满足新生代农民工不断增长的文化需求，还可以发挥文化的浸润作用，将社会主义核心价值观培育融入文化活动之中。对于地方政府而言，要把农民工纳入城市公共文化服务体系，面向农民工组织开展文化活动。譬如，安徽合肥市包河区近年来把农民工公共文化服务纳入"文化强区"战略，建立多处农民工文化驿站。如该区包河苑农民工文化驿站设置有健身房、电子阅览室、社区影院、舞蹈室、志愿者服务办公室，配备有电脑、亲情电话、图书、投影仪、音响和宣纸、毛笔等设备。依托这些文化驿站组织农民工开展丰富多彩的文化活动，可以涵养社会主义核心价值观。又如常州市，2016年开展"中国梦　劳动美　幸福路"情系农民工系列文化活动，吸引各行各业的农民工踊跃参加，收到良好效果。对于雇佣农民工的企业而言，

要让农民工共享企业文化设施、共同参加企业文化活动，特别要针对那些具有文艺特长、表现踊跃的新生代农民工开展形式多样的文化活动。这不仅有利于增强企业的感召力和凝聚力，提高农民工的工作积极性，还有利于培养他们对企业的归属感及爱岗敬业精神。

（二）开展优秀农民工评选活动

改革开放以来，农民工用勤劳的双手，为我国的工业化和城镇化建设作出了巨大贡献。虽然有的农民工存在违法犯罪行为，但这毕竟是极少数，绝大多数农民工是遵纪守法者、爱岗敬业者，他们诚实劳动、合法经营，在平凡的岗位上作出不平凡的业绩，涌现出一批优秀农民工。对于那些在道德方面表现突出、创造出一流工作业绩的优秀农民工，应给予精神嘉奖，并在媒体上大力宣传他们的事迹，号召并鼓励其他农民工向他们学习，这对于在新生代农民工群体中培育社会主义核心价值观具有重要意义。譬如，2015年由国务院农民工工作领导小组组织的全国优秀农民工和农民工工作先进集体评选表彰活动，最终评选出981名全国优秀农民工，其中广东省有70名农民工获评为全国优秀农民工。从人员构成看，广东省的这70名全国优秀农民工中，既有改革开放初期来粤务工的"60后""70后"老一辈农民工，也有勤奋工作的"80后"新生代农民工。优秀农民工评选极大鼓舞和振奋了包括新生代农民工在内的全体农民工的精神，激励其他农民工以这些优秀农民工为榜样，爱国、爱党、爱岗，积极进取，敬业奉献，不断加强个人修养，培育和践行社会主义核心价值观，争取为我国社会主义建设做出更大贡献。

（三）开展农民工关爱活动

可以围绕农民工就业创业、培训深造、子女教育开展关爱活动。这些关爱活动不仅体现出对农民工的人文关怀，而且活动本身对新生代农民工具有教育意义。譬如，农民工输入大市广州市早在2011年就广泛开展多项"关爱农民工志愿服务"主题实践活动，包括举办农民工运动会、向农民工捐赠图片、组织农民工就近观看免费电影、关爱社区农民工子女、举办农民工专场就业招聘会等，收到良好效果。又如近年来由广东团省委联合省教育厅、省财政厅、省人社厅、南方报业传媒集团等单位共同实施的"圆梦计划"，瞄准新生代农民工提升综合素质的核心诉求，探索出一种帮助新生代农民工圆梦大学的工作机制，为他们通过自身努力实现人生价值提供了渠道和保障，赢得了社会各界的广泛支持与认可，受到新生代农民工的热烈欢迎。再如，农民工输出大市安徽省阜阳市连续多年开展的春节"接农民工回家"活动，让外出打工的阜阳籍农民工一下火车，就能感受到家乡的热烈欢迎。活动期间，当地政府不仅从阜阳火车站接送农民工回家，还组织返乡农民工察看家乡新貌，就扶贫助贫向他们问计，向他们推介创业项目，并面向他们举办招聘活动。这让新生代农民工感受到政府的关爱，内心受到触动，有利于社会主义核心价值观内化于心、外化于行。

二、引导媒体报道，构建良好的舆论环境

调查发现，与老一代农民工相比，新生代农民工具有一定的精神

文化需求，工作之余他们会通过智能手机、电视、网络等途径浏览新闻、了解时政。因而，可以引导媒体加强宣传，为新生代农民工社会主义核心价值观培育构建良好的舆论环境。

引导媒体加强宣传，不仅是指加强对社会主义核心价值观的宣传，还包括加强对农民工群体的工作、生活状况和正面形象的宣传。整体来看，当前媒体有关农民工的报道还不多，有的报道对农民工还存在偏见，甚至有的自媒体对农民工有负面报道。譬如，对于个别农民工为讨薪而采取跳楼方式向欠薪公司施压、试图讨回血汗钱的行为，某些媒体报道中采用"跳楼秀"这个词进行描述。又如，关于新生代农民工的犯罪问题，有的媒体通过引用全国少数地方法院的报告数据报道，力图说明新生代农民工犯罪率较高并不断攀升。这对受众可能造成以下不好的暗示：新生代农民工有违法犯罪的可能，对他们要防备，不能与之过多接触。另外，"新闻媒体对农民工报道很大程度上是媒体自身的议程设置"[1]，农民工被置于"他者"地位，缺乏话语权。"这样的报道环境不仅没有解决农民工生存的诸多问题，反而侵犯了农民工自身的合法权益，使得农民工与城市之间的矛盾化愈发激烈"[2]。这既不利于城市社会的和谐稳定以及新生代农民工的城市融入，也对社会主义核心价值观培育产生消极影响。

为改变以上状况，为新生代农民工社会主义核心价值观培育创造良好的舆论环境，第一，要引导媒体积极关注农民工，报道他们在城市的生存状况、现实困难和精神生活，这有利于城市市民更好地认识

---

[1] 乔勇，王敏. 关于农民工报道的反思 [J]. 新闻世界，2010（7）：50-51.
[2] 王鹤.《人民日报》对"新生代农民工"形象建构与塑造的探析 [D]. 长春：东北师范大学，2014.

和善待农民工群体,进而形成关注、关心、关爱农民工的良好氛围。第二,利用媒体传播新生代农民工的正面形象,挖掘新生代农民工群体的优良品格,多报道各地农民工群体中涌现的好人好事,宣传优秀农民工的感人事迹。第三,加大农民工政策宣传,让新生代农民工知晓政府为推进农民工的城市融入和市民化付出的巨大努力、制定的系列政策、开展的丰富活动,澄清部分新生代农民工所认为的"政府对他们关心不够"的认识误区,增强他们实现市民化梦想的信心和决心。第四,重视网络媒体的作用,引导新生代农民工正确利用网络平台反映利益诉求,并加强网络舆论引导和网络空间治理,对不符合甚至与社会主义核心价值观导向相抵触的行为和现象坚决进行批判和谴责[1],引导新生代农民工树立正确的价值观。

三、在管理和服务中进行社会主义核心价值观教育

管理者在管理和服务过程中的工作态度及社会主义核心价值观践行状况,会对新生代农民工的价值观产生一定影响。面对前来办事的新生代农民工,管理者充满善意的微笑、温柔的话语、耐心的解答、周到的服务,都能让新生代农民工感受到管理者的爱岗、敬业精神和友善的态度,并受到感染,这有利于在新生代农民工群体中树立社会主义核心价值观。

首先,对政府部门工作人员而言,要坚持管理和服务并重、价值观引导与解决实际问题相结合。在管理和服务的过程中热心为农民工提供政策解释、就业创业、欠薪追讨、法律援助等方面的服务,让新

---

[1] 方爱东. 培育社会主义核心价值观的多重路径 [N]. 安徽日报,2014-10-13 (7).

生代农民工体会到城市的温暖和政府的友善；在注重社会调查、倾听农民工的意见和建议、保障他们正当权益的同时，有意识地在新生代农民工群体中培育社会主义核心价值观。譬如，2016年1月，正值农民工返乡高峰期，安徽合肥、宣城等地抓住这一时机，在帮助农民工讨薪和法律援助的过程中，对农民工开展形式多样的法治宣传教育活动。通过讲解《劳动合同法》等，为外出务工人员答疑解惑，提供法律意见；通过组织律师深入建筑工地、企业开展法治宣传咨询活动，引导广大农民工理性维权、依法维权，培养农民工的法治观念。

其次，对雇佣农民工的企业管理者而言，要坚持刚性管理和柔性管理并重、日常管理和心理疏导相结合。不是简单依靠管理者的发号施令，而是主要依靠规章制度的约束、激励以及民主管理，调动新生代农民工的内在潜力和工作积极性，培养他们的爱岗、敬业精神，使他们在心情舒畅的情况下为企业创造出不凡的工作业绩。

最后，积极发挥群团组织和工会的作用。在农民工人数比较多的单位建立团支部，鼓励农民工加入工会，把他们纳入团组织和工会组织管理。譬如，2015年以来，广州市总工会各部门面向农民工积极开展维权、帮扶和宣传教育等服务，并吸引农民工加入工会。又如，2015年合肥市各级工会主动争取党政重视支持和社会各界的广泛参与，合力推进农民工入会集中行动，并切实做好农民工服务工作，实现了农民工入会数量和服务质量"双提升"。2016年该市又下发了《合肥市农民工入会集中行动工作实施方案》，要求全市各级工会组织和工会干部把农民工入会工作作为一项重要的政治任务。组织动员包括新生代农民工在内的农民工群体加入工会，并利用工会为农民工开展服务活动，不仅让新生代农民工感受到政府的关爱和工会的温暖，还有利于培养他们的组织观念和合作精神，引导他们树立和践行社会主义核心价值观。

四、发挥社区功能

《关于培育和践行社会主义核心价值观的意见》明确指出："城乡基层是培育和践行社会主流价值的重要依托，农村、企业、社区、机关、学校等基层单位要重视社会主义核心价值观的培育和践行。"[1] 以城市社区为依托，发挥社区功能对新生代农民工进行社会主义核心价值观培育，不仅有利于增强培育社会主义核心价值观的主体力量，形成培育合力，而且有利于为新生代农民工创设良好的社区环境，使他们感受到社区的温暖，体会到社会的和谐，产生认同社会主义核心价值观的内在动力。

为此，城市社区工作人员要摒弃"农民工只是外来务工人员"等错误观念，视农民工为新市民，为农民工提供基本公共服务，通过各种途径引导农民工爱国、敬业、诚信、友善。城市社区可以利用重要节庆日安排农民工参加群众性活动，面向农民工开展文化娱乐活动。邀请农民工特别是其中比较活跃的新生代农民工与社区居民一起开展活动，这不仅可以提高市民和农民工之间的接触频率和了解程度，还可以推动市民和农民工之间的团结互信和人际关系的和谐。在这方面，近年来全国有些城市社区已积极行动，摸索出一些有益的经验。譬如，

---

[1] 中共中央办公厅. 关于培育和践行社会主义核心价值观的意见 [M]. 北京：人民出版社，2013：15.

2015年3月4日，江苏南通市新城社区开展了农民工法律维权知识培训讲座活动，培养辖区农民工的学法、用法意识。这不仅有利于提高辖区农民工的维权意识和法治观念，还让辖区农民工感受到社区的关爱。又如，安徽芜湖市石城社区近年来努力为广大农民工子女提供切实有效的帮助，并丰富农民工的精神生活。在2016年端午节来临之前，该社区组织开展"心手相牵、快乐成长"关爱农民工子女志愿活动，走访慰问辖区农民工家庭，给农民工子女送上爱心粽子和慰问品。社区工作人员的亲切慰问和现场的温馨场面在农民工群体中传开，使农民工为之感动，这有利于培育社会主义核心价值观。再如，广东省中山市近年来为促进新生代农民工的城市融入，在辖区内积极探索异地务工人员社区融入模式——推选异地务工人员代表作为居委会特别委员参与社区治理，帮助解决外来务工子女上学难问题，建立供新生代农民工休闲娱乐的社区活动中心，这不仅有利于提升新生代农民工的城市适应度，还有利于在这一群体中培育社会主义核心价值观。

思想教育是引导新生代农民工观念变迁的重要途径，随着新生代农民工思想教育工作的积极开展，新生代农民工的思想道德素质将得到较大提升，观念变迁呈现积极、正向态势，这将极大推动其城市融入和市民化进程。

附录1 调查问卷

你好！为了生活更美好，我们想了解我们新生代农民工（即出生于1980年之后的农民工）的观念状况。如果你符合条件，非常感谢你能抽出几分钟时间填写问卷。问卷不要求你写出个人姓名，内容主要用于研究，不会给你带来麻烦，我们将对你的一切资料严格保密，请你根据个人的实际情况放心填写。如果没有特别说明，每题只能选择一个答案。

感谢你的参与和支持！祝你工作愉快，天天开心！

1. 你的性别？

A. 男

B. 女

2. 你的年龄？

A. 16~20

B. 21~25

C. 26~30

D. 31~40

3. 你的文化程度？

A. 小学及以下

B. 初中

C. 高中或中专

D. 大专及以上

4. 你的婚姻状况？

A. 已婚

B. 未婚

5. 你打工从事的行业属于？

A. 制造业

B. 建筑业

C. 住宿业和餐饮业

D. 商品批发零售业

E. 交通运输、仓储邮政业

F. 房地产行业

G. 居民服务修理和其他服务行业

H. 其他

6. 你在外打工平均每年回几次老家?

   A. 每年五次及以上

   B. 每年三四次

   C. 每年一两次

   D. 两年一次

   E. 多年没回了

7. 你对家乡的风俗人情是否了解?

   A. 非常了解

   B. 比较了解

   C. 一般了解

   D. 不了解

   E. 非常不了解

8. 你在外打工时常常与别人谈论自己的家乡吗?

   A. 总是谈论

   B. 经常谈论

   C. 一般

   D. 很少谈论

   E. 从不谈论

9. 有人认为将来留在城市生活发展前景会更好,你是否赞同该观点?

A. 非常赞同

B. 比较赞同

C. 一般

D. 不赞同

E. 非常不赞同

10. 你外出务工的主要原因是？

A. 挣钱养家

B. 寻求更好的发展

C. 其他原因

11. 对于打工，你将来的打算是？

A. 学到技术、积累资金经验后回家乡发展

B. 争取留在城市，在城市安家落户

C. 现在还没有考虑，走一步算一步

12. 你就业的主要途径？

A. 利用网络求职

B. 亲朋好友同学带领

C. 劳动力市场

D. 职业中介机构

E. 其他

13. 你打工月平均收入情况?

A. 3000 以下

B. 3001~4000

C. 4001~5000

D. 5001~6000

E. 6000 以上

14. 你的消费主要用于哪些方面？（本题为多选题，但最多选两项）

A. 吃饭、买衣服

B. 房租、房贷、车贷

C. 娱乐

D. 孩子教育、赡养老人

15. 你购物时首要考虑的因素是?

A. 质量

B. 价格

C. 外观

D. 品牌

E. 耐用性

16. 以下哪项更符合你的消费方式?

A. 能省则省

B. 计划着花

C. 想花就花

D. 借钱也花

17. 你如何看待网上购物?

A. 很好,方便快捷、物美价廉

B. 一般般,产品有好有坏

C. 不太好,产品与实物相差太大

D. 无所谓,可有可无

18. 你的网购频率?

A. 总是网购

B. 经常网购

C. 有时网购

D. 很少网购

E. 从不网购

19. 你认为理想的结婚年龄是?

A. 23 岁前

B. 24~26 岁

C. 27~30 岁

D. 30 岁以上

20. 你希望对象户籍所在地在哪里？

A. 当地

B. 外地城市

C. 外地农村

D. 无所谓，哪里都可以

21. 你择偶倾向的方式是？

A. 父母安排相亲

B. 自己寻觅另一半

C. 婚介所、媒人等牵线

D. 同学朋友介绍

E. 无所谓，什么方式都可以

22. 择偶时如果意见与父母不一致，你会怎么办？

A. 完全听从父母意见

B. 会参考父母的意见，但我的婚姻我作主

C. 完全不听父母的意见，坚持自己的想法

23. 有的人不结婚，你如何看待这种行为？

A. 赞同

B. 虽然不赞同，但能理解

C. 厌恶，不能理解

24. 你觉得你外出打工后哪方面的观念变化最大？请谈谈你的观点。(本题为开放题，欢迎回答，也可以不回答)

附录2 访谈提纲

1. 请你简要介绍一下个人的基本情况,如性别、年龄、家乡、打工城市、从事的行业等(这些信息我们将严格保密)。

2. 你觉得土地对你来说重要吗?你会把土地作为你生活的最后保障吗?

3. 新冠疫情发生之前,你在外打工一般每年回去几次?如果条件允许的话,你将来是希望在城市定居还是返回家乡?

4. 你觉得外出打工对你有何意义?你是否经常更换工作?原因是什么?

5. 你认为新冠疫情对你务工影响大吗?影响主要体现在哪些方面?

6. 你每个月的收入是否有剩余?你有储蓄的习惯吗?

7. 你每月最大的支出在哪些方面?你对超前消费及"月光族"式(即工资月月光、无剩余)消费方式有什么看法?

8. 你觉得两个人在一起最重要的是什么,感情还是物质条件?如果你还没有结婚,你能接受找一个外地的对象吗?

9. 你对婚前同居、未婚先孕、不婚族等现象有什么看法?能简单谈谈吗?

附录3 访谈资料

访谈对象1

1. 请你简要介绍下个人的基本情况,如性别、年龄、家乡、打工城市、从事的行业等(这些信息我们将严格保密)。

答:女,30岁,家乡安徽省宿州市砀山县,打工城市上海市,从事个体经营。

2. 你觉得土地对你来说重要吗?你会把土地作为你生活的最后保障吗?

答:我觉得土地对自己来说很重要,以后没有别的路可走时会将它作为最后的依靠。

3. 新冠疫情发生之前,你在外打工一般每年回去几次?如果条件允许的话,你将来是希望在城市定居还是返回家乡?

答:之前一年返家一次,以后希望返回家乡生活。

4. 你觉得外出打工对你有何意义?你是否经常更换工作?原因是什么?

答:外出打工主要是养家糊口,不经常更换工作,因为想要稳定一些。

5. 你认为对你务工影响大吗？影响主要体现在哪些方面？

答：新冠疫情影响大，做生意靠的主要是人流，疫情期间客户量明显减少，挣钱少了。在生活中的影响不算大，按照国家的安排来就行了，没什么太大的影响。

6. 你每个月的收入是否有剩余？你有储蓄的习惯吗？

答：有剩余，有储蓄的习惯。

7. 你每月最大的支出在哪些方面？你对超前消费及"月光族"式（即工资月月光，无剩余）消费方式有什么看法？

答：最大的支出就是小孩学费和衣食住行方面，我对"月光族"不赞同。

8. 你觉得两个人在一起最重要的是什么，感情还是物质？如果你还没结婚，你能接受找一个外地的对象吗？

答：感情和物质各占50%，没有任何一样都不行。

9. 你对婚前同居、未婚先孕、不婚族等现象有什么看法？能简单谈谈吗？

答：不支持这种现象。违背常伦，这是对女生的不尊重。

访谈对象2

1. 请你简要介绍下个人的基本情况，如性别、年龄、家乡、打工城市、从事的行业等。（这些信息我们将严格保密）

答：男，29岁，家乡是安徽省宿州市砀山县，打工城市不固定（上海、昆山等），工作不固定（电子厂、机修工、装修工等）。

2. 你觉得土地对你来说重要吗？你会把土地作为你生活的最后保

障吗?

答:土地重要,可以盖房子,可以换钱,我会把土地作为最后的生活保障。

3. 新冠疫情发生之前,你在外打工一般每年回去几次?如果条件允许的话,你将来是希望在城市定居还是返回家乡?

答:我一般每年回家一次,最后我会回家。

4. 你觉得外出打工对你有何意义?你是否经常更换工作?原因是什么?

答:打工就是为了挣钱,为了生活。会经常换工作,挣不到钱就换,目的就是挣更多的钱。

5. 你认为新冠疫情对你务工影响大吗?影响主要体现在哪些方面?

答:疫情对我没影响。

6. 你每个月的收入是否有剩余?你有储蓄的习惯吗?

答:每月无剩余,但我有储蓄的习惯,有剩余就会储蓄。

7. 你每月最大的支出在哪些方面?你对超前消费及"月光族"式(即工资月月光,无剩余)消费方式有什么看法?

答:最大的支出就是吃和住。我认为超前消费及"月光族"式消费方式这种现象不好,我不赞同。

8. 你觉得两个人在一起最重要的是什么,感情还是物质?如果你还没结婚,你能接受找一个外地的对象吗?

答:最重要的是物质,没钱没人会跟你在一起。我可以接受外地人作为对象。

9. 你对婚前同居、未婚先孕、不婚族等现象有什么看法？能简单谈谈吗？

答：感觉挺好的，能接受。

访谈对象3

1. 请你简要介绍下个人的基本情况，如性别、年龄、家乡、打工城市、从事的行业等（这些信息我们将严格保密）。

答：男，27岁，家乡安徽省宿州市砀山县，打工城市上海市，从事广告传媒、平面拍摄。

2. 你觉得土地对你来说重要吗？你会把土地作为你生活的最后保障吗？

答：综合来讲，土地重要。像我这一代对土地还是具有很深的感情的，如果我有了孩子，他们对土地应该不会有很深的情感了。土地作为生活保障来说，不重要，因为时代不同了，现在也不是非要靠耕地来维持生活了，现代年轻人也不具备这种种地的能力了。我不会把土地作为最后的生活保障。

3. 新冠疫情发生之前，你在外打工一般每年回去几次？如果条件允许的话，你将来是希望在城市定居还是返回家乡？

答：一般一年回家2~3次（包括过年）。随着家乡越来越好，以后可能会回家乡，但是不会回农村老家，可能会回县城定居。

4. 你觉得外出打工对你有何意义？你是否经常更换工作？原因是什么？

答：年轻人要不断完善自己，想要自己更加优秀，赚更多的钱，想要自己有更好的生活。我不经常更换工作，做一行时间久了，懒得换了。但不换的前提是目前工作还可以,有比较好的发展空间。

5. 你认为新冠疫情对你务工影响大吗?影响主要体现在哪些方面?

答:对经济收入有影响,且影响比较大;日常生活也会受限,但影响较小。

6. 你每个月的收入是否有剩余?你有储蓄的习惯吗?

答:有剩余,我有储蓄的习惯。

7. 你每月最大的支出在哪些方面?你对超前消费及"月光族"式(即工资月月光,无剩余)消费方式有什么看法?

答:每月的支出主要是日常开销、衣食住行、人情礼节。对于超前消费及"月光族",可以接受,但不可盲目消费,有意义的消费可以,但不可以盲目消费。

8. 你觉得两个人在一起最重要的是什么,感情还是物质条件?如果你还没结婚,你能接受找一个外地的对象吗?

答:感情是基础,物质是延伸,两者都重要。可以接受一个外地的对象。

9. 你对婚前同居、未婚先孕、不婚族等现象有什么看法?能简单谈谈吗?

答:可以接受,不婚族等都可以接受。

访谈对象4

1. 请你简要介绍下个人的基本情况,如性别、年龄、家乡、打工城市、从事的行业等(这些信息我们将严格保密)。

答:男,30岁,家乡安徽宿州,工作城市武汉,从事行业是汽车制造。

2. 你觉得土地对你来说重要吗？你会把土地作为你生活的最后保障吗？

答：重要，但我不会把土地作为最后的保障。

3. 新冠疫情发生之前，你在外打工一般每年回去几次？如果条件允许的话，你将来是希望在城市定居还是返回家乡？

答：我一年平均回去两次，条件允许的话我会在城市定居。

4. 你觉得外出打工对你有何意义？你是否经常更换工作？原因是什么？

答：打工的意义就是为了生活，为了改善生活条件。

5. 你认为新冠疫情对你务工影响大吗？影响主要体现在哪些方面？

答：新冠肺炎对我务工没什么影响。

6. 你每个月的收入是否有剩余？你有储蓄的习惯吗？

答：收入没多少剩余。

7. 你每月最大的支出在哪些方面？你对超前消费及"月光族"式（即工资月月光，无剩余）消费方式有什么看法？

答：最大的支出就是房贷，我不赞同"月光族"。

8. 你觉得两个人在一起最重要的是什么，感情还是物质条件？如果你还没结婚，你能接受找一个外地的对象吗？

答：我认为，两个人在一起最重要的是信任。

9. 你对婚前同居、未婚先孕、不婚族等现象有什么看法？能简单谈谈吗？

答：不赞同婚前同居、未婚先孕、不婚族等现象。

访谈对象 5

1. 请你简要介绍下个人的基本情况，如性别、年龄、家乡、打工城市、从事的行业等（这些信息我们将严格保密）。

答：男，34 岁，家乡安徽宿州，工作城市江苏常州，运输业。

2. 你觉得土地对你来说重要吗？你会把土地作为你生活的最后保障吗？

答：土地重要，但是我不会把它作为主业。

3. 新冠疫情发生之前，你在外打工一般每年回去几次？如果条件允许的话，你将来是希望在城市定居还是返回家乡？

答：一年一次，如果条件允许的话，我会努力留在定居城市。

4. 你觉得外出打工对你有何意义？你是否经常更换工作？原因是什么？

答：外出打工主要是为了改善生活条件。我不经常换工作，因为怕收入不稳定，车贷还不上。

5. 你认为新冠疫情对你务工影响大吗？影响主要体现在哪些方面？

答：新冠疫情对我工作影响大，因为疫情期间运费低，没货源。

6. 你每个月的收入是否有剩余？你有储蓄的习惯吗？

答：没剩余，没有钱就没有存钱的习惯。

7. 你每月最大的支出在哪些方面？你对超前消费及"月光族"式（即工资月月光，无剩余）消费方式有什么看法？

答：最大的支出是车贷、孩子的生活费。我对"月光族"比较厌恶，可是也没有办法。

8. 你觉得两个人在一起最重要的是什么，感情还是物质条件？如果你还没结婚，你能接受找一个外地的对象吗？

答：两个人在一起最重要的是信任。会接受外地伴侣。

9. 你对婚前同居、未婚先孕、不婚族等现象有什么看法？能简单谈谈吗？

答：不赞同，会给双方以后的生活造成不必要的麻烦。

访谈对象 6

1. 请你简要介绍下个人的基本情况，如性别、年龄、家乡、打工城市、从事的行业等（这些信息我们将严格保密）。

答：男，31岁，家乡安徽，工作地上海，从事餐饮行业。

2. 你觉得土地对你来说重要吗？你会把土地作为你生活的最后保障吗？

答：土地对我来说重要，以后会把土地作为最后的生活保障。

3. 新冠疫情发生之前，你在外打工一般每年回去几次？如果条件允许的话，你将来是希望在城市定居还是返回家乡？

答：每年回家两次，以后会返回家乡。

4. 你觉得外出打工对你有何意义？你是否经常更换工作？原因是什么？

答：打工主要是为了更好的生活。我不经常更换工作，若目前工作比较稳定且能够赚到钱，就不会换；经常换工作的话会影响收入，也不稳定。

5. 你认为新冠疫情对你务工影响大吗？影响主要体现在哪些

方面？

答：多少都会有一些影响，主要就是收入减少了。

6. 你每个月的收入是否有剩余？你有储蓄的习惯吗？

答：每月收入会有剩余，不过所剩不多。剩余的钱都会存起来，为了以后的安稳生活。

7. 你每月最大的支出在哪些方面？你对超前消费及"月光族"式（即工资月月光，无剩余）消费方式有什么看法？

答：最大的支出就是家庭的衣食住行等开销。我对"月光族"没啥看法，每个人都有每个人的想法，不做评价。

8. 你觉得两个人在一起最重要的是什么，感情还是物质条件？如果你还没结婚，你能接受找一个外地的对象吗？

答：我感觉两个人在一起最重要的是感情。不会接受异地伴侣。

9. 你对婚前同居、未婚先孕、不婚族等现象有什么看法？能简单谈谈吗？

答：没有看法，不支持也不反对，不做评价。

访谈对象7

1. 请你简要介绍下个人的基本情况，如性别、年龄、家乡、打工城市、从事的行业等（这些信息我们将严格保密）。

答：女，29岁，家乡安徽，工作城市在上海，从事餐饮业。

2. 你觉得土地对你来说重要吗？你会把土地作为你生活的最后保障吗？

答：土地对我来说不重要，我不会把它作为最后的生活保障。现在只在农村种地的话，根本挣不到多少钱，远不如外出打工挣得多，并且种地的技能我们这一代的人也不精通了，所以，我还是选择打工挣钱。

3. 新冠疫情发生之前，你在外打工一般每年回去几次？如果条件允许的话，你将来是希望在城市定居还是返回家乡？

答：每年回家两次，以后想要在城市定居。

4. 你觉得外出打工对你有何意义？你是否经常更换工作？原因是什么？

答：打工更能体验人间疾苦，挣钱不易，生活更不易。我不会经常更换工作，换工作太麻烦，而且不稳定。

5. 你认为新冠疫情对你务工影响大吗？影响主要体现在哪些方面？

答：疫情对我的影响不大。

6. 你每个月的收入是否有剩余？你有储蓄的习惯吗？

答：有剩余，也有储蓄的习惯。

7. 你每月最大的支出在哪些方面？你对超前消费及"月光族"式（即工资月月光，无剩余）消费方式有什么看法？

答：我最大的开销就是买衣服，看不惯"月光族"，感觉他们没有理财意识。

8. 你觉得两个人在一起最重要的是什么，感情还是物质条件？如果你还没结婚，你能接受找一个外地的对象吗？

答：我觉得物质更重要，没有物质的感情犹如一盘散沙，没有人愿意跟你在一起。

9. 你对婚前同居、未婚先孕、不婚族等现象有什么看法？能简单谈谈吗？

答：没有看法，不评价。

访谈对象 8

1. 请你简要介绍下个人的基本情况，如性别、年龄、家乡、打工城市、从事的行业等（这些信息我们将严格保密）。

答：男，25岁，家乡安徽宿州，打工城市苏州，从事业务销售。

2. 你觉得土地对你来说重要吗？你会把土地作为你生活的最后保障吗？

答：土地重要，我会把它作为最后的生活保障。若以后实在混不下去了，就会回家种地，因为我有乡土情怀，想要回归田园生活，早几年甚至有过回家发展的想法。还因为家人、朋友都在家，自己在外漂泊没有归属感。

3. 新冠疫情发生之前，你在外打工一般每年回去几次？如果条件允许的话，你将来是希望在城市定居还是返回家乡？

答：一年大概回家3~4次，主要是在节假日回去，劳动节、国庆节、元旦、春节等。我以后想要回家，因为家里更自由自在一点儿。

4. 你觉得外出打工对你有何意义？你是否经常更换工作？原因是什么？

答：现实一点儿来说，工作主要是为了挣钱、成家。更高层次的意义就是想要激发自己的能力，实现自己的价值。我不会经常更换工作，从实习到现在也就换过两三次工作，并且都是和专业相关的工作。不经常更换工作的原因主要是行业不允许，频繁更换工作的话不利于发展，会导致客户流失，会让你的固定客户不知道你到底是干什么的。

5. 你认为新冠疫情对你务工影响大吗？影响主要体现在哪些方面？

答：新冠疫情影响分情况吧，国内贸易发展还可以，国家现在不是在扩大内销吗，所以对我们国内贸易影响不是很大，国际贸易影响比较大。

6. 你每个月的收入是否有剩余？你有储蓄的习惯吗？

答：有，我有储蓄的习惯。之前储蓄意识不强，现在储蓄意识比较强。

7. 你每月最大的支出在哪些方面？你对超前消费及"月光族"式（即工资月月光，无剩余）消费方式有什么看法？

答：主要用于房租、出行、吃饭等。觉得超前消费及"月光族"消费方式不好，不赞同这些消费方式。超前消费会让人产生依赖心理。信用卡等都是在拿以后的钱还现在的款。我是属于假如现在有10块钱，我会花3到5块，剩下留着，不会花光。"月光族"和超前消费属于假如现在有十块钱，会花20、30元的这种，形成透支。如果这样的话，会让我有压迫感，心理不安全，疲于应付。

8. 你觉得两个人在一起最重要的是什么，感情还是物质条件？如果你还没结婚，你能接受找一个外地的对象吗？

答：以前认为最重要的是感情，现在认为物质更重要，或者说是有物质保障的感情会更加长久。因为结婚后是要归于平淡的，需要用物质保障感情，两个人一起去创造物质。我不会找外地的对象，因为不靠谱，当地的对象会有共同话题，生活习惯也相似。外地人不了解家乡的风俗、语言等，会影响沟通。

9. 你对婚前同居、未婚先孕、不婚族等现象有什么看法？能简单谈谈吗？

答：对婚前同居、未婚先孕、不婚族等能接受，但是内心还是比较反感。感觉这种现象还是不太好。我自己属于那种比较传统的人，不孝有三，无后为大，所以我肯定不是不婚族。对于不婚族，我也是可以理解的，他们可能是没有找到合适的人，也可能是习惯了一个人生活，我都可以理解。对于婚前同居和未婚先孕，我是可以接受的。

访谈对象 9

1. 请你简要介绍下个人的基本情况，如性别、年龄、家乡、打工城市、从事的行业等（这些信息我们将严格保密）。

答：女，35岁，安徽枞阳人，在广西桂林工作，自由职业。

2. 你觉得土地对你来说重要吗？你会把土地作为你生活的最后保障吗？

答：我觉得土地对我不重要，我不会把土地作为最后的生活保障，因为有养老保险。

3. 新冠疫情发生之前，你在外打工一般每年回去几次？如果条件允许的话，你将来是希望在城市定居还是返回家乡？

答：疫情发生前，一年回去一两次。未来希望在城市定居。

4. 你觉得外出打工对你有何意义？你是否经常更换工作？原因是什么？

答：外出打工是为了挣钱。我是自由职业，不会经常更换工作。

5. 你认为新冠疫情对你务工影响大吗？影响主要体现在哪些方面？

答：疫情对我务工影响一般，不太大，主要体现在工作机会变少。

6. 你每个月的收入是否有剩余？你有储蓄的习惯吗？

答：每个月收入有剩余，有储蓄的习惯。

7. 你每月最大的支出在哪些方面？你对超前消费及"月光族"式（即工资月月光，无剩余）消费方式有什么看法？

答：最大支出主要体现在子女教育上。不太能够理解超前消费和"月光族"。

8. 你觉得两个人在一起最重要的是什么，感情还是物质条件？如果你还没结婚，你能接受找一个外地的对象吗？

答：两个人在一起最重要的是感情。能够接受找外地对象，两个人合得来就行。

9. 你对婚前同居、未婚先孕、不婚族等现象有什么看法？能简单谈谈吗？

答：这些现象在当今是正常的，不过不太能接受不婚族。

访谈对象 10

1. 请你简要介绍下个人的基本情况，如性别、年龄、家乡、打工城市、从事的行业等（这些信息我们将严格保密）。

答：男，35岁，安徽枞阳人，在广西桂林工作，建筑行业。

2. 你觉得土地对你来说重要吗？你会把土地作为你生活的最后保障吗？

答：我觉得土地对我来说比较重要，我需要土地，但是不会把土地作为最后的生活保障。

3. 新冠疫情发生之前，你在外打工一般每年回去几次？如果条件允许的话,你将来是希望在城市定居还是返回家乡?

答:疫情之前,每年至少回去两次。将来希望返回家乡。

4. 你觉得外出打工对你有何意义?你是否经常更换工作?原因是什么?

答:打工主要是为了谋生。不经常更换工作,因为现在的工作已经从事好几年了,熟悉了。

5. 你认为新冠疫情对你务工影响大吗?影响主要体现在哪些方面?

答:疫情对务工基本没什么影响。

6. 你每个月的收入是否有剩余?你有储蓄的习惯吗?

答:收入有剩余,也有储蓄的习惯。

7. 你每月最大的支出在哪些方面?你对超前消费及"月光族"式(即工资月月光,无剩余)消费方式有什么看法?

答:每月最大支出在子女教育上。认为超前消费及"月光族"消费方式不太好,例如,在突如其来的疫情情况下还是有点儿储蓄比较好。

8. 你觉得两个人在一起最重要的是什么,感情还是物质条件?如果你还没结婚,你能接受找一个外地的对象吗?

答:两个人在一起最重要的是感情。可以接受找一个外地对象。

9. 你对婚前同居、未婚先孕、不婚族等现象有什么看法?能简单谈谈吗?

答:对于婚前同居和未婚先孕可以接受,但是不能接受不婚,毕竟婚姻制度是中国自古以来的传统。

访谈对象 11

1. 请你简要介绍下个人的基本情况，如性别、年龄、家乡、打工城市、从事的行业等（这些信息我们将严格保密）。

答：女，30岁，安徽枞阳人，在安徽铜陵工作，个体经营户。

2. 你觉得土地对你来说重要吗？你会把土地作为你生活的最后保障吗？

答：土地对我来说很重要，没有土地就没有我的存在，所以会把土地作为最后的生活保障。

3. 新冠疫情发生之前，你在外打工一般每年回去几次？如果条件允许的话，你将来是希望在城市定居还是返回家乡？

答：疫情发生前一年回去两三次。希望将来返回家乡。

4. 你觉得外出打工对你有何意义？你是否经常更换工作？原因是什么？

答：打工是为了挣钱，给子女更好的教育。不换工作，个体比较稳定。

5. 你认为新冠疫情对你务工影响大吗？影响主要体现在哪些方面？

答：疫情对务工影响较大，主要体现在顾客变少。

6. 你每个月的收入是否有剩余？你有储蓄的习惯吗？

答：每个月收入有剩余，有储蓄的习惯。

7. 你每月最大的支出在哪些方面？你对超前消费及"月光族"式（即工资月月光，无剩余）消费方式有什么看法？

答：每个月最大的支出在房贷和子女教育上。能接受超前消费，不太接受"月光族",有点儿储蓄心里比较踏实。

8. 你觉得两个人在一起最重要的是什么,感情还是物质条件?如果你还没结婚,你能接受找一个外地的对象吗?

答:我觉得两个人在一起最重要的是感情。我能接受外地对象。

9. 你对婚前同居、未婚先孕、不婚族等现象有什么看法?能简单谈谈吗?

答:现在社会逐渐开放,这些现象都比较正常,但是个人不太能接受不婚。

访谈对象 12

1. 请你简要介绍下个人的基本情况,如性别、年龄、家乡、打工城市、从事的行业等(这些信息我们将严格保密)。

答:男,21 岁,安徽枞阳人,在江苏镇江工作,制造业。

2. 你觉得土地对你来说重要吗?你会把土地作为你生活的最后保障吗?

答:觉得土地不重要。不会把土地作为最后的生活保障。

3. 新冠疫情发生之前,你在外打工一般每年回去几次?如果条件允许的话,你将来是希望在城市定居还是返回家乡?

答:疫情发生前,每年回去一次。未来希望在城市定居。

4. 你觉得外出打工对你有何意义?你是否经常更换工作?原因是什么?

答:外出打工可以改善物质生活条件。我不经常更换工作,因为现在的工作使生活越来越好。

5. 你认为新冠疫情对你务工影响大吗?影响主要体现在哪些

方面？

答：疫情对务工有一定的影响，主要体现在流动受到限制。

6. 你每个月的收入是否有剩余？你有储蓄的习惯吗？

答：每个月收入有剩余，我有储蓄的习惯。

7. 你每月最大的支出在哪些方面？你对超前消费及"月光族"式（即工资月月光，无剩余）消费方式有什么看法？

答：每月最大的支出在生活开支。超前消费和"月光族"消费方式现在非常普遍，能够接受。

8. 你觉得两个人在一起最重要的是什么，感情还是物质条件？如果你还没结婚，你能接受找一个外地的对象吗？

答：两个人在一起最重要的是感情，有了感情其他什么都不是问题。能够接受外地对象。

9. 你对婚前同居、未婚先孕、不婚族等现象有什么看法？能简单谈谈吗？

答：觉得这些现象很正常，能够接受。

访谈对象13

1. 请你简要介绍下个人的基本情况，如性别、年龄、家乡、打工城市、从事的行业等（这些信息我们将严格保密）。

答：男，26岁，安徽铜陵人，在安徽合肥工作，建筑行业。

2. 你觉得土地对你来说重要吗？你会把土地作为你生活的最后保障吗？

答：土地对我来说没什么意义，我们这代人不靠种田为生，我不会把土地作为最后的生活保障。

3. 新冠疫情发生之前，你在外打工一般每年回去几次？如果条件允许的话，你将来是希望在城市定居还是返回家乡？

答：疫情发生之前，我每年回去两三次，主要是在节假日回去。如果条件允许的话，我将来希望在城市定居。

4. 你觉得外出打工对你有何意义？你是否经常更换工作？原因是什么？

答：外出打工主要是为了改善自身的物质条件，让自己和父母都能过上好日子，为下一代创造更好的成长环境。我不经常更换工作，现在换工作并不是想换就可以换的，因为疫情的影响，找到一份合适的工作难上加难。

5. 你认为新冠疫情对你务工影响大吗？影响主要体现在哪些方面？

答：新冠疫情对务工有点儿影响，主要体现在公司运营状况不佳，可能面临裁员的风险。

6. 你每个月的收入是否有剩余？你有储蓄的习惯吗？

答：每个月收入有剩余，我有储蓄的习惯。

7. 你每月最大的支出在哪些方面？你对超前消费及"月光族"式（即工资月月光，无剩余）消费方式有什么看法？

答：每个月最大支出在自己的生活开支上，买衣服、娱乐等。我认为超前消费和"月光族"式消费方式非常正常，可以接受这样的消费方式。

8. 你觉得两个人在一起最重要的是什么，感情还是物质条件？如果你还没结婚，你能接受找一个外地的对象吗？

答：我认为两个人在一起最重要的是感情，有了感情两个人可以一起努力奋斗，追求更好的物质生活。我能接受找一个外地对象。

9. 你对婚前同居、未婚先孕、不婚族等现象有什么看法？能简单谈谈吗？

答：这些现象随着社会的进步越来越普遍，我们应该理性看待这些现象，而不是盲目地反对。

访谈对象14

1. 请你简要介绍下个人的基本情况，如性别、年龄、家乡、打工城市、从事的行业等（这些信息我们将严格保密）。

答：女，30岁，安徽绩溪人，在浙江杭州工作，食品业。

2. 你觉得土地对你来说重要吗？你会把土地作为你生活的最后保障吗？

答：土地对我来说重要，我会把土地作为最后的生活保障。

3. 新冠疫情发生之前，你在外打工一般每年回去几次？如果条件允许的话，你将来是希望在城市定居还是返回家乡？

答：我一般每年回去五次。有条件的话希望能在城市定居。

4. 你觉得外出打工对你有何意义？你是否经常更换工作？原因是什么？

答：打工能挣更多钱让生活更美好。我不经常更换工作，因为工作稳定生活更有保障一些。

5. 你认为新冠疫情对你务工影响大吗？影响主要体现在哪些方面？

答：疫情对务工有些影响，比如：因为疫情延迟上班，外出和返乡与之前相比没那么方便，所在食品厂订单疫情期间下降，导致相对应的工时也变少了。

6. 你每个月的收入是否有剩余？你有储蓄的习惯吗？

答：我每个月收入有剩余，个人有储蓄习惯。

7. 你每月最大的支出在哪些方面？你对超前消费及"月光族"式（即工资月月光，无剩余）消费方式有什么看法？

答：每月最大支出在日常开销，比如吃饭、房租、上班交通费等。我觉得"月光族"消费没有克制，是个不太好的消费习惯，这样长久下去是存不住钱的。

8. 你觉得两个人在一起最重要的是什么，感情还是物质条件？如果你还没结婚，你能接受找一个外地的对象吗？

答：两个人处得来，感情好，但也需要一定的物质条件。能接受外地对象。

9. 你对婚前同居、未婚先孕、不婚族等现象有什么看法？能简单谈谈吗？

答：对于婚前同居，觉得在条件允许双方自愿的情况下是比较支持的。婚前生活在一起相处一段时间，能更近距离地彼此接触了解，看看是否能互相适应；对于未婚先孕，觉得这是个对双方、更是对孩子不负责任的想法，不会允许自己有这样的行为；对于不婚族，尊重每个不同的想法，但自己还是向往婚姻的。

访谈对象15

1. 请你简要介绍下个人的基本情况，如性别、年龄、家乡、打工城市、从事的行业等（这些信息我们将严格保密）。

答：男，26岁，安徽合肥人，在安徽合肥工作，教育行业。

2. 你觉得土地对你来说重要吗？你会把土地作为你生活的最后保障吗？

答：土地对我来说不重要，我不会把土地当作最后的保障。

3. 新冠疫情发生之前，你在外打工一般每年回去几次？如果条件允许的话，你将来是希望在城市定居还是返回家乡？

答：我一般每年回去两次。将来希望在城市定居。

4. 你觉得外出打工对你有何意义？你是否经常更换工作？原因是什么？

答：打工对我有意义。我不经常换工作，因为工作需要稳定才好。

5. 你认为新冠疫情对你务工影响大吗？影响主要体现在哪些方面？

答：疫情对我务工影响不大，线上教育在家也能工作。

6. 你每个月的收入是否有剩余？你有储蓄的习惯吗？

答：每个月收入有剩余，我也会把钱存下来。

7. 你每月最大的支出在哪些方面？你对超前消费及"月光族"式（即工资月月光，无剩余）消费方式有什么看法？

答：每月最大支出是吃饭。"月光族"是对自己和未来的自己不负责，必须要给自己留一点儿存款应付突发情况。

8. 你觉得两个人在一起最重要的是什么，感情还是物质条件？如果你还没结婚，你能接受找一个外地的对象吗？

答：我觉得两个人在一起最重要的是感情，没有感情在一起就像合租的一样。我能接受外地的对象，如果她能在合肥定居最好。

9. 你对婚前同居、未婚先孕、不婚族等现象有什么看法？能简单谈谈吗？

答：婚前同居还行，现在也很正常；未婚先孕的话，如果本来就准备结婚了，那也可以；不婚族是只有年轻人才有的想法，年龄越大越想找个伴。

访谈对象 16

1. 请你简要介绍下个人的基本情况，如性别、年龄、家乡、打工城市、从事的行业等（这些信息我们将严格保密）。

答：男，25 岁，安徽芜湖人，在安徽合肥工作，销售行业。

2. 你觉得土地对你来说重要吗？你会把土地作为你生活的最后保障吗？

答：土地肯定重要啊，我会把土地作为最后的生活保障。

3. 新冠疫情发生之前，你在外打工一般每年回去几次？如果条件允许的话，你将来是希望在城市定居还是返回家乡？

答：一般两个月回家一次。肯定是希望在家乡发展。

4. 你觉得外出打工对你有何意义？你是否经常更换工作？原因是什么？

答：打工是为了挣钱。我不是经常换工作，希望工作稳定一点儿。

5. 你认为新冠疫情对你务工影响大吗？影响主要体现在哪些方面？

答：疫情对务工影响不是很大，主要就是上下班会比较麻烦，其他的没什么区别。

6. 你每个月的收入是否有剩余？你有储蓄的习惯吗？

答：收入一般没有剩的，是"月光族"。

7. 你每月最大的支出在哪些方面？你对超前消费及"月光族"式（即工资月月光，无剩余）消费方式有什么看法？

答：每个月最大就是吃喝和房租开销，信用卡和花呗会经常使用，感觉也比较正常。

8. 你觉得两个人在一起最重要的是什么，感情还是物质条件？如果你还没结婚，你能接受找一个外地的对象吗？

答：目前觉得两个人在一起最重要的是感情方面吧。结婚找外地的也可以。

9. 你对婚前同居、未婚先孕、不婚族等现象有什么看法？能简单谈谈吗？

答：我觉得还是结婚之后怀孕比较好，有一定的物质基础和能力再说。

访谈对象 17

1. 请你简要介绍下个人的基本情况，如性别、年龄、家乡、打工城市、从事的行业等（这些信息我们将严格保密）。

答：男，21岁，家乡安徽省合肥市肥东县，打工城市合肥市，从事体育培训。

2. 你觉得土地对你来说重要吗？你会把土地作为你生活的最后保障吗？

答：我觉得土地对我来说不太重要，我不会耕地，我也不会把土地作为自己的最后保障。

3. 新冠疫情发生之前，你在外打工一般每年回去几次？如果条件允许的话，你将来是希望在城市定居还是返回家乡？

答：一般每年回去两三次。希望将来能在城市定居。

4. 你觉得外出打工对你有何意义？你是否经常更换工作？原因是什么？

答：外出打工对我来说可以改善生活、提高生活品质。我不经常换工作，因为我觉得只有在一个地方工作时间长了，才会积累更好的经验。

5. 你认为新冠疫情对你务工影响大吗？影响主要体现在哪些方面？

答：我认为影响不怎么大（去年我处于毕业季），学生缺勤不来上课（去年还未毕业）。

6. 你每个月的收入是否有剩余？你有储蓄的习惯吗？

答：基本没有，我也没有储蓄的习惯。

7. 你每月最大的支出在哪些方面？你对超前消费及"月光族"式（即工资月月光，无剩余）消费方式有什么看法？

答：每月最大的支出是吃饭、交通。我觉得每个人有自己的生活方式，因人而异。超前消费不支持，"月光族"我觉得能够理解也能接受，工资低肯定就会月光，工资高肯定就会有积蓄。

8. 你觉得两个人在一起最重要的是什么，感情还是物质条件？如果你还没结婚，你能接受找一个外地的对象吗？

答：我觉得两个人在一起感情和物质都是需要的。我可以接受外地对象。

9. 你对婚前同居、未婚先孕、不婚族等现象有什么看法？能简单谈谈吗？

答：关于婚前同居、未婚先孕，我觉得女生在外面要保护好自己，这些都是传统思想，我们要尊重传统，坚决不做以上事情。其次是不婚族，我觉得每个人都有自己的选择，现在的社会这类现象也是普遍存在的。人生是自己的，选择舒服合意的方式就可以。我表示尊重，但我本人不会这样做。

访谈对象 18

1. 请你简要介绍下个人的基本情况，如性别、年龄、家乡、打工城市、从事的行业等（这些信息我们将严格保密）。

答：女，23岁，家乡安徽省滁州市定远县大桥镇，打工城市合肥市，从事行业工业自动化。

2. 你觉得土地对你来说重要吗？你会把土地作为你生活的最后保障吗？

答：我觉得不太重要。我不会把土地作为生活的最后保障，因为我们这一代人基本上属于外出务工，寄希望于城市定居，对耕田种谷没有实践过。

3. 新冠疫情发生之前，你在外打工一般每年回去几次？如果条件允许的话，你将来是希望在城市定居还是返回家乡？

答：一般每年回去两三次。希望城市定居。

4. 你觉得外出打工对你有何意义？你是否经常更换工作？原因是什么？

答：外出打工看看外面的世界，接触不一样的环境，能有更好的收入。我会经常更换工作，因为没有找到心仪的工作。

5. 你认为新冠疫情对你务工影响大吗？影响主要体现在哪些方面？

答：对我影响较大。疫情暴发时我处于面临毕业择业阶段，疫情使我找工作受阻，经济受碍，就业机会也减少，以致到现在依旧在频繁换工作。

6. 你每个月的收入是否有剩余？你有储蓄的习惯吗？

答：基本没有剩余，我有储蓄习惯。

7. 你每月最大的支出在哪些方面？你对超前消费及"月光族"式（即工资月月光，无剩余）消费方式有什么看法？

答：我每月最大的支出是在房租、化妆品、服饰上。我认为物价水平上涨，加上现代年轻人消费观念的改变，超前消费、"月光族"情有可原，可以接受，但是最好能够存点儿钱用于急用。

8. 你觉得两个人在一起最重要的是什么，感情还是物质条件？如果你还没结婚，你能接受找一个外地的对象吗？

答：我觉得两个人在一起最重要的是三观有共同点，所以我认为感情高于物质。我可以接受找外地的对象。

9. 你对婚前同居、未婚先孕、不婚族等现象有什么看法？能简单谈谈吗？

答：婚前同居我是可以接受的，婚前同居可以让自己更好地了解对方，如果存在无法磨合的地方，可以及时止损。未婚先孕我认为要深思熟虑，毕竟要对自己、孩子甚至周围人负责。不婚族是部分年轻人的想法，如果能够考虑好，其实不结婚也有好处，不是所有人的生活都得按照结婚生子这一种模式来。

访谈对象 19

1. 请你简要介绍下个人的基本情况，如性别、年龄、家乡、打工城市、从事的行业等（这些信息我们将严格保密）。

答：女，24 岁，家乡安徽省蚌埠市固镇，打工城市江苏苏州，从事行业会计。

2. 你觉得土地对你来说重要吗？你会把土地作为你生活的最后保障吗？

答：我觉得土地对我来说还是挺重要（我家有地），但是我不会把土地作为自己的最后保障。我不会种地，不能靠地吃饭。

3. 新冠疫情发生之前，你在外打工一般每年回去几次？如果条件允许的话，你将来是希望在城市定居还是返回家乡？

答：疫情发生之前正面临毕业，未外出打工。如果条件允许的话，我希望在城市定居，城市里的生活更加便捷。

4. 你觉得外出打工对你有何意义？你是否经常更换工作？原因是什么？

答：外出打工主要是看看外面的世界，这不仅仅是挣钱的意义，更是体验不一样的风土人情。我不经常换工作，更想稳定长久的工作、生活。

5. 你认为新冠疫情对你务工影响大吗？影响主要体现在哪些方面？

答：不怎么大。面临毕业但是又不想找工作。

6. 你每个月的收入是否有剩余？你有储蓄的习惯吗？

答：有些微剩余，也有储蓄习惯，但没钱储蓄。

7. 你每月最大的支出在哪些方面？你对超前消费及"月光族"式（即工资月月光，无剩余）消费方式有什么看法？

答：每月最大的支出是在食宿上。我对超前消费不认可，主要还是适度消费、理性消费。"月月光"式消费可能是因为工资低或者是欲望太强，如果是前者那没有关系，后者的话并不支持，还是要合理规划、理性消费。

8. 你觉得两个人在一起最重要的是什么，感情还是物质条件？如果你还没结婚，你能接受找一个外地的对象吗？

答：我觉得两个人在一起感情和物质同等重要，只有感情没有物质，再好的感情也会被柴米油盐所消磨；只有物质没有感情，那在同一个屋檐下又有何意义呢？我可以接受外地的对象。

9. 你对婚前同居、未婚先孕、不婚族等现象有什么看法？能简单谈谈吗？

答：没办法接受婚前同居、未婚先孕、不婚族，我认为凡事都应该有规矩的约束，要尊重传统思想。

访谈对象 20

1. 请你简要介绍下个人的基本情况，如性别、年龄、家乡、打工城市、从事的行业等（这些信息我们将严格保密）。

答：男，25岁，家乡湖北省襄阳市，打工城市上海，从事行业房地产中介。

2. 你觉得土地对你来说重要吗？你会把土地作为你生活的最后保障吗？

答：我觉得土地对我来说蛮重要，我也会把土地作为自己的最后保障。因为我是农村人，无论是种地还是土地上建的房子都是一种保障。

3. 新冠疫情发生之前，你在外打工一般每年回去几次？如果条件允许的话，你将来是希望在城市定居还是返回家乡？

答：一般每年回去3~5次。能城市定居更好，但是也得看经济条件。

4. 你觉得外出打工对你有何意义？你是否经常更换工作？原因是什么？

答：外出打工能锻炼自己，提升自己的个人能力。人生在世，有很多欲望想要实现，这些可以通过外出打工利用快捷的途径实现，打工也能使自己有更大的发展。我不经常换工作，因为我觉得一份工作必定有它所存在的价值，经常更换工作学到的只是皮毛。

5. 你认为新冠疫情对你务工影响大吗？影响主要体现在哪些方面？

答：影响不怎么大。虽然居家，但是这份工作可以线上办公。

6. 你每个月的收入是否有剩余？你有储蓄的习惯吗？

答：有剩余，也有储蓄习惯，毕竟所有的梦想都是靠金钱来支持的。

7. 你每月最大的支出在哪些方面？你对超前消费及"月光族"式（即工资月月光，无剩余）消费方式有什么看法？

答：每月最大的支出是在房租、吃饭。对于超前消费及"月光族"式消费方式，我觉得因收入而异吧，如果是收入低我觉得可以接受，如果是花钱大手大脚造成，不太能接受。我感觉大部分男生每个月是不会月光的。

8. 你觉得两个人在一起最重要的是什么，感情还是物质条件？如果你还没结婚，你能接受找一个外地的对象吗？

答：我觉得两个人在一起最重要的，感情大于等于物质吧。两个人在一起如果追求没有那么高的话，家里或者县城都能满足，慢生活也挺好。我可以接受外地的对象。

9. 你对婚前同居、未婚先孕、不婚族等现象有什么看法？能简单谈谈吗？

答：我表示拒绝。婚前同居或者未婚先孕都不太好，我对不婚族表示尊重，但不苟同。

访谈对象 21

1. 请你简要介绍下个人的基本情况，如性别、年龄、家乡、打工城市、从事的行业等（这些信息我们将严格保密）。

答：女，26 岁，家乡安徽省合肥市肥东县，打工城市合肥，从事教育行业。

2. 你觉得土地对你来说重要吗？你会把土地作为你生活的最后保障吗？

答：我觉得土地对我来说不太重要。家里没有多少地，家里的土地基本闲置。我也不会把土地作为自己的最后保障。

3. 新冠疫情发生之前，你在外打工一般每年回去几次？如果条件允许的话，你将来是希望在城市定居还是返回家乡？

答：一般每年回去一两次。希望定居城市。

4. 你觉得外出打工对你有何意义？你是否经常更换工作？原因是

什么？

答：首先是帮助自己寻求更好的发展，认识外界，开阔视野，交更多的朋友。我不经常换工作，因为我现在的工作较为稳定，工资收入尚可接受。

5. 你认为新冠疫情对你务工影响大吗？影响主要体现在哪些方面？

答：有影响的。首先是居家教学效率跟不上，其次是收入也会减少。

6. 你每个月的收入是否有剩余？你有储蓄的习惯吗？

答：有剩余，也有储蓄的习惯。

7. 你每月最大的支出在哪些方面？你对超前消费及"月光族"式（即工资月月光，无剩余）消费方式有什么看法？

答：每月最大的支出是在吃饭、服装上，我不太能理解超前消费及"月光族"式消费这些消费方式，这样没有安全感。

8. 你觉得两个人在一起最重要的是什么，感情还是物质条件？如果你还没结婚，你能接受找一个外地的对象吗？

答：我觉得两个人在一起，感情和物质条件都挺重要的。没有感情基础，两个人在一起就没有动力、没有包容；没有物质条件，再好的感情也是不坚固的。我暂时不考虑找外地的对象。

9. 你对婚前同居、未婚先孕、不婚族等现象有什么看法？能简单谈谈吗？

答：婚前同居、未婚先孕在我看来是对自己的不负责任，我不太能接受。不婚族我觉得尚可理解，不婚族只是代表一类人的想法，基本上没有违背道德法律。在经济、精神独立的情况下,我觉得不需要依附婚姻,单身会更自由。

访谈对象 22

1. 请你简要介绍下个人的基本情况,如性别、年龄、家乡、打工城市、从事的行业等(这些信息我们将严格保密)。

答:男,31岁,家乡是安徽省六安市裕安区固镇镇,打工城市是新疆喀什,从事机械工作。

2. 你觉得土地对你来说重要吗?你会把土地作为你生活的最后保障吗?

答:我觉得土地较为重要。老家的土地租让给种田大户种植,是农村父母的生活保障。我也会把土地作为自己的最后保障。

3. 新冠疫情发生之前,你在外打工一般每年回去几次?如果条件允许的话,你将来是希望在城市定居还是返回家乡?

答:一般每年回去1次。如果条件允许的话,我将来希望返回家乡创业,定居家乡。

4. 你觉得外出打工对你有何意义?你是否经常更换工作?原因是什么?

答:外出打工是家庭的主要收入来源,是家庭孩子教育费用的主要来源。我会经常更换工作,机械类工作到淡季时,我会换其他类型的技术活干。原因是好好赚钱,以后买房。

5. 你认为新冠疫情对你务工影响大吗?影响主要体现在哪些方面?

答:对我影响较大。主要是去年新疆疫情严重时,我基本没有出去工作，经济受碍。

6. 你每个月的收入是否有剩余？你有储蓄的习惯吗？

答：有些剩余，也有储蓄的习惯。

7. 你每月最大的支出在哪些方面？你对超前消费及"月光族"式（即工资月月光，无剩余）消费方式有什么看法？

答：我每月最大的支出是在生活消费上。我认为超前消费及"月光族"式消费方式一方面可能是因为生活压力较大，另一方面可能是收入单一导致的，所以我在一定程度上是可以理解的。

8. 你觉得两个人在一起最重要的是什么，感情还是物质条件？如果你还没结婚，你能接受找一个外地的对象吗？

答：我认为两个人在一起感情和物质条件都重要，两个人在一起最基本的物质条件是需要的，感情和物质都是必要的基本条件。我可以接受找外地的对象。

9. 你对婚前同居、未婚先孕、不婚族等现象有什么看法？能简单谈谈吗？

答：可以接受婚前同居、未婚先孕，但是家乡风俗不太赞同这些做法。我对不婚族不能理解，也不赞同。

访谈对象23

1. 请你简要介绍下个人的基本情况，如性别、年龄、家乡、打工城市、从事的行业等（这些信息我们将严格保密）。

答：男，35岁，家乡是安徽省六安市裕安区固镇镇，打工城市是上海，从事餐饮服务行业。

2. 你觉得土地对你来说重要吗？你会把土地作为你生活的最后保

障吗?

答：我觉得土地对我来说不太重要，因为我在外打工，不靠土地生活。我也不会把土地作为自己的最后保障。

3. 新冠疫情发生之前，你在外打工一般每年回去几次？如果条件允许的话，你将来是希望在城市定居还是返回家乡？

答：一般每年回去2~3次。我希望定居城市。

4. 你觉得外出打工对你有何意义？你是否经常更换工作？原因是什么？

答：外出打工是家庭收入的重要来源。本人在上海开饭店，有时也会更换工作，主要原因是孩子回老家上学，父母在老家需要照顾。

5. 你认为新冠疫情对你务工影响大吗？影响主要体现在哪些方面？

答：对我影响较大。新冠疫情严重时，政府要求所有人居家隔离，造成饭店顾客减少，收入骤减。

6. 你每个月的收入是否有剩余？你有储蓄的习惯吗？

答：有剩余，也有储蓄的习惯。

7. 你每月最大的支出在哪些方面？你对超前消费及"月光族"式（即工资月月光，无剩余）消费方式有什么看法？

答：每月最大的支出是在教育、吃饭上。我不太能理解超前消费及"月光族"式消费这些消费方式，因为家里如果不存点儿急用钱，万一有突发情况，会造成麻烦。

8. 你觉得两个人在一起最重要的是什么，感情还是物质条件？如果你还没结婚，你能接受找一个外地的对象吗？

答：我觉得两个人在一起最重要的是感情，但同时还必须有物质条件。我已经结婚，妻子是本地人，我不能接受外地的对象。

9. 你对婚前同居、未婚先孕、不婚族等现象有什么看法？能简单谈谈吗？

答：不赞同婚前同居、未婚先孕、不婚族。首先说婚前同居、未婚先孕，我是一个思想偏保守的人，从小接受的教育也是这样，虽然这些现象由于时代的变化，人们的思想观念不断更新，但婚前同居、未婚先孕是我所不能接受的。其次来说不婚族，我是完全不赞同的，而且我身边也没有这样的人。

访谈对象 24

1. 请你简要介绍下个人的基本情况，如性别、年龄、家乡、打工城市、从事的行业等（这些信息我们将严格保密）。

答：男，31 岁，家乡在河南省许昌市，打工城市是上海市，从事的行业是药品研发。

2. 你觉得土地对你来说重要吗？你会把土地作为你生活的最后保障吗？

答：意识里没有概念，也不好说土地重要还是不重要。有想过工作退休后回老家，但是不现实，所以我不会把土地作为生活的最后保障。

3. 新冠疫情发生之前，你在外打工一般每年回去几次？如果条件允许的话，你将来是希望在城市定居还是返回家乡？

答：每年回家 1 次。如果条件允许的话，希望将来在城市定居。

4. 你觉得外出打工对你有何意义？你是否经常更换工作？原因是

什么?

答:我是社会主义的螺丝钉,打工是为祖国的发展添砖加瓦。我还没换过工作,因为对目前单位的发展有一定的期待。

5. 你认为新冠疫情对你务工影响大吗?影响主要体现在哪些方面?

答:影响不大,就是不用出差了,这一点挺好的。

6. 你每个月的收入是否有剩余?你有储蓄的习惯吗?

答:有剩余,但是不多。没有储蓄,就是随性。

7. 你每月最大的支出在哪些方面?你对超前消费及"月光族"式(即工资月月光,无剩余)消费方式有什么看法?

答:目前每月主要的支出是房租、餐饮、游戏。超前消费及"月光族"式消费我是不会这样的,但是别人这样做我也认为挺正常的。

8. 你觉得两个人在一起最重要的是什么,感情还是物质条件?如果你还没结婚,你能接受找一个外地的对象吗?

答:我觉得两个人在一起感情应该是最重要的,但是物质条件是维系感情的基石。我接受外地的对象。

9. 你对婚前同居、未婚先孕、不婚族等现象有什么看法?能简单谈谈吗?

答:本人比较传统,反对婚前同居、未婚先孕的行为,但我对不婚族表示理解。

访谈对象 25

1. 请你简要介绍下个人的基本情况,如性别、年龄、家乡、打工城市、从事的行业等(这些信息我们将严格保密)。

答：女，26岁，家乡是山西大同，打工城市是天津，从事婚庆服务行业。

2. 你觉得土地对你来说重要吗？你会把土地作为你生活的最后保障吗？

答：土地对我来说重要，将来我可能会把土地作为生活的最后保障。

3. 新冠疫情发生之前，你在外打工一般每年回去几次？如果条件允许的话，你将来是希望在城市定居还是返回家乡？

答：每年回去1~2次。条件允许的话，希望将来在城市定居。

4. 你觉得外出打工对你有何意义？你是否经常更换工作？原因是什么？

答：打工能增长见识，快速提高自身各方面的能力，享受大城市的便利生活。我不经常换工作。

5. 你认为新冠疫情对你务工影响大吗？影响主要体现在哪些方面？

答：影响大，体现在群众不能聚集、不能办婚礼，我没有收益。

6. 你每个月的收入是否有剩余？你有储蓄的习惯吗？

答：每个月有剩余，也有储蓄的习惯。

7. 你每月最大的支出在哪些方面？你对超前消费及"月光族"式（即工资月月光，无剩余）消费方式有什么看法？

答：最大的支出为房租，个人还是需要有一些储备金的，我不赞同超前消费和"月光族"式消费方式。

8. 你觉得两个人在一起最重要的是什么，感情还是物质条件？如果你还没结婚,你能接受找一个外地的对象吗?

答:我觉得两个人在一起感情最重要,但物质条件也不能太差。我已经找个外地对象了。

9. 你对婚前同居、未婚先孕、不婚族等现象有什么看法?能简单谈谈吗?

答:对于婚前同居,我可以接受订婚后或者见过双方父母后同居,不看好谈恋爱就同居;对于未婚先孕,不看好;对于不婚族,支持,每个人都有自己的生活方式,不一定在该结婚的年龄就非得结婚,享受自己的生活就够了。

访谈对象 26

1. 请你简要介绍下个人的基本情况,如性别、年龄、家乡、打工城市、从事的行业等(这些信息我们将严格保密)。

答:男,26 岁,家乡在山西省大同市阳高县,打工城市是天津市,从事教育行业,工作两年。

2. 你觉得土地对你来说重要吗?你会把土地作为你生活的最后保障吗?

答:我认为土地非常重要,在农村,不论住房还是生活都离不开土地。尤其是一些贫困家庭,家里的唯一收入来源就是种田,一旦离开土地,生活就会受到严重威胁。我个人不会把土地作为保障,因为依靠家乡的土地并不能给自己及家人的生活带来足够的保障。但如果有一天我老了,在外面待不下去了,我会回到村里依靠自己的土地过最后的生活。

3. 新冠疫情发生之前,你在外打工一般每年回去几次?如果条件允许的话,你将来是希望在城市定居还是返回家乡?

答:新冠疫情前我一般每年回家3~4次。如果条件允许的话,我希望自己可以定居城市,毕竟自己目前大多数的时间都在城市生活。

4. 你觉得外出打工对你有何意义?你是否经常更换工作?原因是什么?

答:对我而言,外出打工相比于待在农村,可以说使我打开了新世界的大门,让我见识到外面社会的日新月异,使我不会一辈子"坐井观天"。自从工作后我没有换过工作,原因一是自我感觉现在工作还算满足,二是农村出来的孩子没有野心,甘于平淡。

5. 你认为新冠疫情对你务工影响大吗?影响主要体现在哪些方面?

答:此次疫情对我的影响还是比较大的,因为疫情严重时学校一直不能返校,我们一直采用线上教学的模式,这对老师以及学生都是一个巨大的挑战,为此我们学习了很多新的东西。总体而言,此次疫情虽然对我们的生活影响很大,但是也使我们获得了更多的成长。

6. 你每个月的收入是否有剩余?你有储蓄的习惯吗?

答:我每个月的收入有一部分剩余,剩余的部分我会将其存储。

7. 你每月最大的支出在哪些方面?你对超前消费及"月光族"式(即工资月月光,无剩余)消费方式有什么看法?

答:我每个月最大的支出在日常生活开支上。对于目前较多的超前消费现象及其人群,我的态度是要不得。不知从何时开始青年人开始流行超前消费、"月光族"式消费等,毫无疑问这存在着巨大的隐患。年轻人没有自制力,缺乏大局观,一旦形成这种模式,将会是一个巨大的黑窟窿。

8. 你觉得两个人在一起最重要的是什么，感情还是物质条件？如果你还没结婚，你能接受找一个外地的对象吗？

答：两个人在一起情感是基础，物质是条件。有情感没物质是理想，有物质没情感是空洞，我更赞成两个人拥有感情并一起创造物质条件。我没结婚，可以接受一个外地的对象。

9. 你对婚前同居、未婚先孕、不婚族等现象有什么看法？能简单谈谈吗？

答：婚前同居不仅有助于双方感情的升温及在生活上互相磨合，还有助于减轻经济负担。但是不论时代变化如何迅速，基本道德底线必须恪守，男女双方都必须为自己、为对方、为家人负责，不能做出一些令人伤心的事情。

访谈对象 27

1. 请你简要介绍下个人的基本情况，如性别、年龄、家乡、打工城市、从事的行业等（这些信息我们将严格保密）。

答：女，25 岁，家乡是山西省大同市阳高县，打工城市是大同，从事会计工作。

2. 你觉得土地对你来说重要吗？你会把土地作为你生活的最后保障吗？

答：我觉得土地对我来说重要，但是我不会作为最后保障，因为家里没有土地。

3. 新冠疫情发生之前，你在外打工一般每年回去几次？如果条件允许的话，你将来是希望在城市定居还是返回家乡？

答：每年回家3次左右。条件允许的话，我希望定居城市。

4. 你觉得外出打工对你有何意义？你是否经常更换工作？原因是什么？

答：打工的意义在于改善生活。我不经常换工作，原因是我想积累一定的经验后再考虑跳槽等问题。

5. 你认为新冠疫情对你务工影响大吗？影响主要体现在哪些方面？

答：疫情影响比较大。公司迟迟不开工，我便没有工资。

6. 你每个月的收入是否有剩余？你有储蓄的习惯吗？

答：每个月的收入有剩余，也有储蓄的习惯。

7. 你每月最大的支出在哪些方面？你对超前消费及"月光族"式（即工资月月光，无剩余）消费方式有什么看法？

答：最大的支出是购买化妆品。对于超前消费及"月光族"式消费，我不认同。

8. 你觉得两个人在一起最重要的是什么，感情还是物质条件？如果你还没结婚，你能接受找一个外地的对象吗？

答：我觉得两个人在一起最重要的是感情。能接受外地的对象。

9. 你对婚前同居、未婚先孕、不婚族等现象有什么看法？能简单谈谈吗？

答：婚前同居可以吧，可以先了解一下对方的生活习惯。不能接受未婚先孕。对于不婚族，我觉得挺好的。

访谈对象28

1. 请你简要介绍下个人的基本情况，如性别、年龄、家乡、打工城市、从事的行业等（这些信息我们将严格保密）。

答：男，26 岁，来自安徽省阜阳市的一个农村家庭，目前在上海从事外贸行业。

2. 你觉得土地对你来说重要吗？你会把土地作为你生活的最后保障吗？

答：对于土地，我的认知是比较有限的，因为我是"95 后"，就目前来说，我自己对土地是没有很深的感觉的。但是，我小的时候，我父母在我的思想里灌入了土地的珍贵性——只要有一寸土地，就能生长庄稼，所以我觉得我对土地还是有一定的感情的。对于把土地作为保障，我觉得这倒不至于成为土地重要的一个因素，更多的应该是人的那种叶落归根的思想。也可能现在我还比较年轻，所以对这件事还没有一个很深层次的认识。家乡对我来说有更加重要的东西，有家人，有朋友，最后才是那片伴我长大的土地。但是我也不会否认把土地作为生活的最后保障这个想法，家里的土地对于我来说可能更多的是宅基地的那份保障。以后无论有没有出人头地，有没有在上海买到一套房子，我可能最终还是会回去，让自己有一个属于自己的家。哪怕现在的生活日新月异，国家也出台了相应的宅基地政策，我觉得在法律允许的条件下，以后自己退休后，更倾向于回归田园生活，农村生活也挺好。

3. 新冠疫情发生之前，你在外打工一般每年回去几次？如果条件允许的话，你将来是希望在城市定居还是返回家乡？

答：新冠疫情发生前，我应该是每年回去 4~6 次，每次回去待的时间也不长。如果将来条件允许的话，可能我还是更倾向于回到家乡，建设家乡。如果有一天我在现在工作的城市定居，我觉得更大的原因应该只是我被现实推着往前走了。所以就之前的感觉来看，可能还是更倾向于回到家乡吧。

4. 你觉得外出打工对你有何意义？你是否经常更换工作？原因是什么？

答：打工的意义，更多的是想去大城市看看的心理吧。大学时的学校位于一个离家很近的城市，那是个很小的城市，我就想着考研能去大城市看看，但是最后也没考上，所以我就在跟同学聊了聊之后，选择去离家最近的大城市，在这里我也确实收获了很多，成长了一些。我最大的感触就是事在人为，世上还是好人多吧。我换工作的频率不高，以后换工作应该是有了更好的选择。我不是那种一直想变动的人，加上我的工作性质也比较稳定，所以换工作应该不会很频繁，我只会在综合了多种选择后再做决定。

5. 你认为新冠疫情对你务工影响大吗？影响主要体现在哪些方面？

答：我觉得这个从我的工作性质而言还是比较有发言权的。因为我是在外贸公司工作，而且公司的产品是出口美国的，而美国的疫情大家也是有目共睹的，影响还是挺大的。我个人也因为疫情原因调到了相应的小组，同时我们在工作上也随着疫情的程度做相应的调整，如出差政策、办公政策等都有了变化。

6. 你每个月的收入是否有剩余？你有储蓄的习惯吗？

答：收入剩余以前没有，但是现在慢慢地工作时间久了，自己也跟着学习一些理财的知识，所以慢慢地也开始养成了储蓄的习惯。我觉得这也是了解这个世界的一种方式，但是就我目前的收入来说，我没有必要花费太多精力在理财上，因为花费这个精力在理财上不如去用这个精力提高自己的工作技能。

7. 你每月最大的支出在哪些方面？你对超前消费及"月光族"式（即工资月月光，无剩余）消费方式有什么看法？

答：每月最大的花费在租房上。对于我来说，在上海最大的开支便是租房了，会占到工资1/3至1/2的比例。对于超前消费，我觉得现在这个社会每个人有每个人的选择，无论哪种方式，自己能承担起相应的责任就好。我个人有时也会超前消费，但是比较少，而且我会在计算之后去消费，不会盲目地在严重超出自己的能力范围外去消费。

8. 你觉得两个人在一起最重要的是什么，感情还是物质条件？如果你还没结婚，你能接受找一个外地的对象吗？

答：对于这个问题，我觉得我应该结合我当前的心智来回答。就我目前的感情经历来说，我觉得两个人最重要的还是有一个共同的目标，这个目标不一定是一成不变的，但是两个人最好要有一个向前的奋斗方向，而且要有责任心，这点在我上一段感情上也体现得淋漓尽致。感情跟物质条件二选一我觉得不太好选，我更倾向于二者的比例。现在我的看法是物质条件要优先于感情，在自己所能提供的物质条件下去选一个自己喜欢的人，然后两个人有前进的方向，这样能结婚的概率才会更大吧！至于找外地对象这个话题，我也是通过上一段感情得到的结论，就是我可能不会优先找外地的对象，我会优先找临近几个城市的人，而不是完全不顾距离。当然最重要的应该是两个人以及两个家庭的支持，也要根据实际情况去对待。

9. 你对婚前同居、未婚先孕、不婚族等现象有什么看法？能简单谈谈吗？

答：这几个问题真的感觉是针对我设计的，我身边好友的故事都让我对这些有话可说。首先对于这三种形式，我都是表示理解的。婚前同居我觉得没啥好说的，大家做这些决定时也一定有自己的想法，为了更加了解对方也好，为了提前体验婚后生活也好，都是一个自由的选择。而未婚先孕和不婚族，我身边也有例子，甚至关系还都挺好。现在这个社会真的是一个高度开放和包容的社会，只要在享受自己的权利并做好了承担相应后果的准备，我觉得都是应该尊重的。包括我以后的孩子如果有这些想法，甚至有一天他跟我说他是同性恋，我也表示理解和尊重。

访谈对象 29

1. 请你简要介绍下个人的基本情况，如性别、年龄、家乡、打工城市、从事的行业等（这些信息我们将严格保密）。

答：男，23 岁，已婚，家乡在安徽省宿州市，工作城市是上海，从事餐饮行业。

2. 你觉得土地对你来说重要吗？你会把土地作为你生活的最后保障吗？

答：中国人对土地的情感有点儿复杂，一方面觉得围着田间地头转，一年到头也赚不到什么钱，另一方面又不舍得转让土地。农村是在城镇中打拼的农民心中的退路，而土地就是这条退路的有力保障。

3. 新冠疫情发生之前，你在外打工一般每年回去几次？如果条件允许的话，你将来是希望在城市定居还是返回家乡？

答：疫情之前每年回去2次，如果条件允许的话，我希望将来在城市定居。

4. 你觉得外出打工对你有何意义？你是否经常更换工作？原因是什么？

答：外出打工除了挣钱，使我能自力更生、养家糊口外，同时使我增长见识，提高自己各个方面的能力，如社交能力等。

5. 你认为新冠疫情对你务工影响大吗？影响主要体现在哪些方面？

答：新冠疫情并没有对我的工作造成特别大的影响。

6. 你每个月的收入是否有剩余？你有储蓄的习惯吗？

答：每月会有剩余，也有储蓄的习惯。

7. 你每月最大的支出在哪些方面？你对超前消费及"月光族"式（即工资月月光，无剩余）消费方式有什么看法？

答：每月最大的支出是房贷、车贷，必要时可以超前消费。

8. 你觉得两个人在一起最重要的是什么，感情还是物质条件？如果你还没结婚，你能接受找一个外地的对象吗？

答：两个人在一起当然是感情最重要了。两个人选择在一起都是因为爱情，只有在感情稳定了之后，才会考虑有关物质的事情。我可以接受外地对象。

9. 你对婚前同居、未婚先孕、不婚族等现象有什么看法？能简单谈谈吗？

答：对于婚前同居行为，某种程度上，我反而是支持的，因为"实习期"过了才能"转正"嘛。如果"实习期"都不开心，那就直接断了呗。省得把好奇和幻想积累到婚后，然后又失望，又离婚，反而不好。当然，不以爱情为前提、不以婚姻为目的的同居不在讨论之列。对于未婚先孕反正我是不赞同，未婚先孕会让对方家长看轻自己，会让人家认为你是个随便的女生，对自己的印象不好，有的家长还不允许办婚礼，最后只能草草地领证结婚，真是一辈子的遗憾啊！万一对方不同意跟你结婚，要和你分手，最后受伤害的还是女生自己啊！对于不婚族我没有什么看法，因为我觉得这都是个人的选择问题。有的人选择婚姻，有的人选择不结婚，这都是非常正常的。我们不能因为别人选择结婚，而对那些不婚族抱有歧视，甚至不平等的态度。

访谈对象30

1. 请你简要介绍下个人的基本情况，如性别、年龄、家乡、打工城市、从事的行业等（这些信息我们将严格保密）。

答：女，27岁，家乡是安徽省宿州市，在江苏省无锡市从事服装行业。

2. 你觉得土地对你来说重要吗？你会把土地作为你生活的最后保障吗？

答：因为我没有土地，所以谈不上土地重要与否，我也不能把土地作为最后的生活保障。

3. 新冠疫情发生之前，你在外打工一般每年回去几次？如果条件允许的话，你将来是希望在城市定居还是返回家乡？

答：一般在外地上班每年回老家3次。如果条件允许的话，我更希望在老家上班，可以照顾家人。

4. 你觉得外出打工对你有何意义？你是否经常更换工作？原因是

什么?

答:外出打工可以拿到高一点的工资,以改善生活。我不会经常更换工作,因为我的工作挺稳定的。

5. 你认为新冠疫情对你务工影响大吗?影响主要体现在哪些方面?

答:新冠疫情对于我来说没有太大影响。

6. 你每个月的收入是否有剩余?你有储蓄的习惯吗?

答:每个月都会有剩余,我会把一部分钱存起来。

7. 你每月最大的支出在哪些方面?你对超前消费及"月光族"式(即工资月月光,无剩余)消费方式有什么看法?

答:每个月最大的支出就是还房贷。每个人的生活方式不同,可能消费的方式也不同,对于超前消费及"月光族"式消费我没有看法。

8. 你觉得两个人在一起最重要的是什么,感情还是物质条件?如果你还没结婚,你能接受找一个外地的对象吗?

答:两个人在一起最初肯定是有感情的,但是也要有一定的物质基础,这样是为了婚后有更好的生活。

9. 你对婚前同居、未婚先孕、不婚族等现象有什么看法?能简单谈谈吗?

答:没有什么太大的看法,每个人的想法都不同,开心就好!

访谈对象 31

1. 请你简要介绍下个人的基本情况,如性别、年龄、家乡、打工城市、从事的行业等(这些信息我们将严格保密)。

答：女，1995年出生，大专学历，家乡是蚌埠，在合肥打工，从事的行业是金融产品销售。

2. 你觉得土地对你来说重要吗？你会把土地作为你生活的最后保障吗？

答：不重要，无所谓，我不会把土地作为生活的最后保障。

3. 新冠疫情发生之前，你在外打工一般每年回去几次？如果条件允许的话，你将来是希望在城市定居还是返回家乡？

答：新冠疫情发生之前，一般每年回去4~5次，合肥距离家乡也比较近。如果条件允许的话，我希望在城市买房，可以住，也可以保值增值；也希望在老家盖个别墅，老了回家乡住，宽敞，与周围人也熟悉。

4. 你觉得外出打工对你有何意义？你是否经常更换工作？原因是什么？

答：打工就是为了挣钱，争取更好的发展也是为了挣钱。我不经常更换工作，现在的工作已经干了3年。我喜欢现在的工作，比较自由。

5. 你认为新冠疫情对你务工影响大吗？影响主要体现在哪些方面？

答：对我打工影响比较大。2020年出来上班比较晚，直到4月才上班，4月之前每月就保底工资800元钱，很低。

6. 你每个月的收入是否有剩余？你有储蓄的习惯吗？

答：以前属于"月光族"，没有剩余，不过从今年开始有剩余了。现在我每月想储蓄点儿，因为年龄慢慢大了，我想着要买房和以后的生活。

7. 你每月最大的支出在哪些方面？你对超前消费及"月光族"式（即工资月月光，无剩余）消费方式有什么看法？

答：除了基本的吃饭和租房费用外，支出比较大的一块是买化妆品和衣服。以前我属于"月光族"式消费，会刷信用卡，但不会贷款。我年轻时贪玩，现在有压力了，自然就想着剩余了，要不然改不掉这毛病。

8. 你觉得两个人在一起最重要的是什么，感情还是物质条件？如果你还没结婚，你能接受找一个外地的对象吗？

答：我觉得最重要的是物质条件，物质条件是基础，我希望对象有车有房。至于对象是哪个地方的倒无所谓，我能接受外地的人。

9. 你对婚前同居、未婚先孕、不婚族等现象有什么看法？能简单谈谈吗？

答：我觉得正常，也比较理解，因为这是别人的选择。关于不婚族，如果找的人不如意，两个人过得不好，那干吗还要结婚呢？

访谈对象32

1. 请你简要介绍下个人的基本情况，如性别、年龄、家乡、打工城市、从事的行业等（这些信息我们将严格保密）。

答：女，1994年出生，27岁，家乡是安徽临泉，在天津打工，自己开美容店。

2. 你觉得土地对你来说重要吗？你会把土地作为你生活的最后保障吗？

答：不重要，无所谓。我不会把土地作为最后保障，将来我老了即使捡破烂也不从地里刨食。

3. 新冠疫情发生之前，你在外打工一般每年回去几次？如果条件允许的话，你将来是希望在城市定居还是返回家乡？

答：一般有5~6次，回老家还是比较多的。如果条件允许的话，我希望将来在城市定居，因为城市方便，看电影、购物都比较方便。

4. 你觉得外出打工对你有何意义？你是否经常更换工作？原因是什么？

答：我觉得打工除了挣钱，还能见识到很多农村见识不到的东西。我不经常更换工作，因为周围的朋友圈已经形成，也熟悉了，稳定。

5. 你认为新冠疫情对你务工影响大吗？影响主要体现在哪些方面？

答：影响多多少少有些，因为疫情影响，店里客人少些。

6. 你每个月的收入是否有剩余？你有储蓄的习惯吗？

答：我20来岁的时候属于"月光族"，现在想着储蓄了。养家、还房贷、朋友间的交往，都需要钱，我想储蓄点儿。

7. 你每月最大的支出在哪些方面？你对超前消费及"月光族"式（即工资月月光，无剩余）消费方式有什么看法？

答：支出最大的一块是娱乐，有时是自己玩，有时是回请朋友。身边人有超前消费的，属于"月光族"，有的女孩舍得装扮，在美容上舍得花钱，不考虑将来。

8. 你觉得两个人在一起最重要的是什么，感情还是物质条件？如果你还没结婚，你能接受找一个外地的对象吗？

答：物质重要，先讲物质，再谈感情。以前20岁时看重外貌，觉得帅、对自己好就行,但现在看法不一样了,物质很重要。对象想从家乡找,结婚后方便看望父母,不想离父母太远。

9. 你对婚前同居、未婚先孕、不婚族等现象有什么看法?能简单谈谈吗?

答:每个人有自己的想法、自己的选择、自己的生活,能理解他们。不婚也正常,有时自己活着就比较累,何必再搭一个人。

参考文献

著作：

[1] 张耀灿，郑永廷，吴潜涛，等. 现代思想政治教育学 [M]. 北京：人民出版社，2006.

[2] 许林. 湖北新生代农民工市民化的政策与体制研究 [M]. 武汉：中国地质大学出版社，2011.

[3] 刘怀廉. 中国农民工问题 [M]. 北京：人民出版社，2005.

[4] 国务院农民工办课题组. 中国农民工发展研究 [M]. 北京：中国劳动社会保障出版社，2013.

[5] 黄丽云. 新生代农民工市民化中的价值观 [M]. 北京：社会科学文献出版社，2012.

[6] 刘传江，程建林，董延芳. 中国第二代农民工研究. [M]. 济南：山东人民出版社，2009.

[7]《南方都市报》特别报道组. 洪流：中国农民工30年迁徙史 [M]. 广州：花城出版社，2012.

[8] 黄进. 价值冲突与精神皈依：社会转型期新生代农民工价值

观研究 [M]. 南京：南京师范大学出版社，2010.

[9] 韩玉梅. 新生代农民工市民化问题研究 [M]. 哈尔滨：哈尔滨工业大学出版社，2013.

[10] 郭星华，等. 漂泊与寻根：流动人口的社会认同研究 [M]. 北京：中国人民大学出版社，2011.

[11] 谢建社. 新生代农民工融入城镇问题研究 [M]. 北京：人民出版社，2011.

[12] 卢国显. 农民工：社会距离与制度分析 [M]. 北京：社会科学文献出版社，2010.

[13] 王竹林. 城市化进程中农民工市民化研究 [M]. 北京：中国社会科学出版社，2009.

[14] 刘传江，徐建玲，等. 中国农民工市民化进程研究 [M]. 北京：人民出版社，2008.

[15] 胡杰成. 农民工市民化研究 [M]. 北京：知识产权出版社，2011.

[16] 谢建社. 风险社会视野下的农民工融入性教育 [M]. 北京：社会科学文献出版社，2009.

[17] 单菁菁. 中国农民工市民化研究 [M]. 北京：社会科学文献出版社，2012.

[18] 罗竖元. 新生代农民工择业行为研究 [M]. 北京：科学出版社，2017.

[19] 李贵成. 民工荒视域下的新生代农民工价值观研究 [M]. 北京：科学出版社，2016.

[20] 方学梅,张苑松,于星苑.我的城市梦:40位新生代农民工访谈实录[M].上海:华东理工大学出版社,2018.

[21] 宋丽娜.婚恋转型:新生代农民工的婚恋实践[M].北京:社会科学文献出版社,2021.

[22] 庄明.新生代农民工的就业分层与社会融入[M].北京:社会科学文献出版社,2021.

[23] 杨琦.习惯形成理论与新生代农民工消费行为研究[M].北京:经济科学出版社,2021.

[24] 陈莉,俞林伟.新生代农民工的婚育模式与婚姻质量[M].北京:中国社会科学出版社,2021.

[25] 范晓莉.新型城镇化进程中我国新生代农民工市民化职业教育模式及推进策略研究[M].北京:经济科学出版社,2022.

[26] 瑞雪·墨菲.农民工改变中国农村[M].黄涛,王静,译.杭州:浙江人民出版社,2009.

[27] 张鹂.城市里的陌生人:中国流动人口的空间、权力与社会网络的重构[M].袁长庚,译.南京:江苏人民出版社,2014.

期刊论文:

[1] 王春光.新生代农村流动人口的社会认同与城乡融合的关系[J].社会学研究,2001(3):63-76.

[2] 郑杭生.新生代农民市民化:当代中国社会学的重要研究主题[J].甘肃社会科学,2005(4):4-8.

[3] 王春光.新生代农民工城市融入进程及问题的社会学分

析［J］. 青年探索，2010（3）：5-15.

［4］符平，唐有财. 新生代农民工的流动图景［J］. 文化纵横，2012（1）：50-55.

［5］缪艺. 浅析城镇化进程中新生代农民工市民化问题［J］. 中国集体经济，2018（15）：3-4.

［6］王玉峰. 新生代农民工市民化的现实困境与政策分析［J］. 江淮论坛，2015（2）：132-140，155.

［7］高韧. 塑造、传播与提升：新生代农民工价值观管理［J］. 求实，2012（2）：83-87.

［8］房彬. 城市融入进程中新生代农民工思想政治教育价值阐释［J］. 求实，2014（3）：75-78.

［9］房彬. 城市融入进程中新生代农民工的观念变迁：基于文化接触理论视角的分析［J］. 兰州学刊，2014（7）：99-103，138.

［10］房彬，葛红丽. 城市融入进程中新生代农民工面临的问题及对策：基于安徽省的实证分析［J］. 中共云南省委党校学报，2015（3）：110-113.

［11］房彬，黄学武. 城市融入进程中新生代农民工思想教育的现实困境与突破路径［J］. 继续教育研究，2017（11）：32-35.

［12］房彬，黄学武. 新生代农民工社会主义核心价值观培育路径探讨［J］. 南方论刊，2017（9）：16-18.

［13］房彬，张子昂. 论功利主义对新生代农民工价值观的消极影响与对策［J］. 重庆科技学院学报（社会科学版），2017（9）：24-26.

[14] 何瑞鑫,傅慧芳.新生代农民工的价值观变迁[J].中国青年研究,2006(4):9-12.

[15] 袁霁虹.媒介"围"城:新生代农民工婚恋观研究[J].中国青年研究,2016(8):66-72.

[16] 周军.改革开放后中国乡村观念文化变迁的现象解析[J].中央民族大学学报(哲学社会科学版),2013(3):53-57.

[17] 朱亭瑶.落地未生根:新生代农民工的城市融入困境与出路[J].兰州学刊,2013(3):137-142.

[18] 汪丽萍.融入社会视角下的新生代农民工消费行为:市民化消费和炫耀性消费[J].农村经济,2013(6):126-129.

[19] 毛哲山,刘珍玉.新生代农民工消费行为及其影响因素研究[J].北京青年研究,2017(3):18-23.

[20] 陆爱勇.新生代农民工高消费的伦理审视[J].伦理学研究,2019(4):135-140.

[21] 宋丽娜.流水线上的爱情快餐:以在富士康郑州厂区的调研为例[J].中国青年研究,2019(7):43,78-83.

[22] 蒋笃君.新生代农民工市民化的现状、困境与对策[J].河南社会科学,2019(12):115-120.

[23] 王孝莹,王目文.新生代农民工市民化的微观影响因素及其结构:基于人力资本因素的中介效应分析[J].人口与经济,2020(1):113-126.

[24] 崔巍,张亦贺.新生代农民工价值观念的特质[J].农业经济,2020(2):64-66.

[25] 黄敦平,方建.安徽籍新生代农民工消费行为分析[J].西南科技大学学报(哲学社会科学版),2020(3):42-46.

[26] 沈锦浩.网约工:新生代农民工就业的新选择与新风险[J].长白学刊,2020(3):120-127.

[27] 朱纪广,张佳琪,李小建,等.中国农民工市民化意愿及影响因素[J].经济地理,2020(8):145-152.

[28] 何丽梅.新生代农民工如何实现价值观的理性构建[J].人民论坛,2020(25):88-89.

[29] 何筠,张嘉佳.新生代农民工就业稳定性的影响因素及代际差异研究[J].江西社会科学,2021(2):218-227,256.

报刊、网站文章:

[1] 刘旭.沈阳多处建筑工地遇招不来年轻人尴尬[N].工人日报,2018-05-10(6).

[2] 唐姝.建筑行业"失宠"年轻农民工难留[N].工人日报,2019-06-13(6).

[3] 黄榆.购物车的背后,藏着生活愿景[N].工人日报,2019-10-24(7).

[4] 孙方慧.新生代农民工择业观变了[N].工人日报,2019-12-05(7).

[5] 李婕.新生代农民工择业变了[N].人民日报海外版,2019-10-29(11).

[6] 韩阳阳.不少年轻人热衷编程变身"码农"[N].工人日

报，2021-08-20（7）.

[7] 李玉波. 月薪过万，建筑业为何难觅 90 后［N］. 工人日报，2022-06-03（5）.

[8] 张岳. 工会送岗位 情暖农民工［N］. 安徽日报，2022-02-17（11）.

[9] 任国省. 新生代农民工，通过消费融入城市？［N］. 燕赵都市报，2013-07-04（17）.

[10] 刘小燕. 网络消费让新生代农民工"爱恨交织"［N］. 工人日报，2020-11-06（5）.

[11] 李丽静. 过不下去就离：谁偷走了新生代农民工的婚姻［R/OL］.（2016-07-07）［2022-06-02］. http：//www.banyuetan.org/chcontent/jrt/201674/202297.shtml.

[12] 刘巍巍，陈圣炜. 特写：在大城市乘风破浪的底气："95后"农民工苏州落户记［R/OL］.（2020-08-19）［2022-06-02］. http：//www.gov.cn/xinwen/2020-08/19/content_5535826.htm.

后　记

21世纪以来，我国农民工群体内部出现明显的代际分化，新生代农民工不断涌现，成为我国农民工队伍的主体，引起学界的热烈关注。笔者对新生代农民工的研究，始于2012年。当年，笔者申请的教育部人文社科研究青年项目"城市融入进程中的新生代农民工思想政治教育研究"获批立项，之后的几年，笔者又主持安徽省人社厅项目"我省农民工现状分析及未来工作走向研究"等课题。以这些项目为依托，围绕新生代农民工问题，2013年以来笔者先后在《求实》《继续教育研究》等期刊发表多篇论文。本书的出版，是对个人过去10年来新生代农民工问题研究的总结和深化。

笔者老家在皖西北的一个农村，家乡的亲友和乡邻，很多就在城市打工。对于新生代农民工的工作和生活，笔者有较多了解。10年来，基于课题研究的需要，笔者也多次在安徽省阜阳市、合肥市等地，面向新生代农民工群体开展调研。为了写作本书，笔者及所指导的研究生也针对新生代农民工的观念变迁进行了专门访谈。调研过程中，得到很多新生代农民工的支持和帮助，在此向他们表示诚挚的谢意。本书也是献给新生代农民工群体的一本著作。

任何一项研究都是在前人研究的基础上继续探索。近年来，来自社会学、经济学、思想政治教育学等学科的学者，围绕新生代农民工的城市融入、市民化、思想教育等，进行了大量研究。众多新闻记者也以其敏锐和生动的笔触，对包括新生代农民工在内的农民工群体的生活和工作进行诸多报道，拓展了我们对新生代农民工群体的认知。本书写作过程中，参考了学界相关研究成果，对此笔者深表谢意。参考和引用的内容已遵守学术规范，进行注释并列入参考文献，如有遗漏，特此致歉。

感谢工作单位领导和同事的关心和帮助！工作单位合肥工业大学马克思主义学院拥有马克思主义理论学科一级博士点，科研氛围浓厚。笔者自2004年7月从东北师范大学毕业进校工作，已有18载。本书的写作和出版，在单位支持下才得以完成。感谢学院黄志斌教授、唐莉教授多年来对我的全面关心和谆谆教导，感谢学院院长牛小侠、学院党委书记尉德芳、副院长潘莉、副书记焦陈丰对我工作的帮助，感谢学院众多同事，特别是本人所在的中国近现代史纲要教研部各位老师对我的支持。我们来自不同地方，年龄有差异，却能够在一个教研部共事，这本身就是一种缘分，愿互相支持，彼此珍惜。近3年本人指导的研究生吴嘉慧、房婷、王欢、李坪洋、郑慧倩、李佳等同学参与了社会调查、资料梳理、文稿校对等工作，在此一并表示感谢。

感谢光明日报出版社的支持！我和光明日报出版社有特别的缘分，2011年，本人的第一本学术专著《新农村建设视域下新型农民培育研究》，正是在光明日报出版社出版，这本《新生代农民工观念变迁与思想教育研究》也有幸在同一出版社出版。在本书出版过程中，光明日报出版社的编辑付出了很多心血，谢谢你们！

衷心感谢我的家人！感谢父母的养育之恩，你们的健康，就是我最大的幸福。感谢爱人赵敏对家庭的无私付出，结婚以来，你为家庭、为孩子付出很多，谢谢你！感谢女儿房依琳，每天接送你上学、放学，是爸爸最开心的事，愿亲爱的女儿快乐成长，学习进步！爸爸爱你！

由于本人才疏学浅，本书不足之处在所难免，恳请各位同行专家和读者批评指正。本书为安徽省"三全育人"试点省建设暨高校思想政治工作能力提升计划项目（项目号：sztsjh-2022-7-5）阶段性研究成果，特此说明。

2022，难忘的一年。新的征程，我将满怀感激之情，不畏浮云遮望眼，勇毅前行。

房彬

写于合肥市翡翠湖畔

2022 年 8 月 26 日